Texte für die Seele

Margot Käßmann –
Meine Füße auf weitem Raum

Texte
für die
Seele

Margot Käßmann

Meine Füße auf weitem Raum

edition ✛ chrismon

Vorwort

Als Bischöfin hat das Predigen für mich noch einmal einen neuen Stellenwert erhalten. In den zehn Jahren meiner Amtszeit habe ich mehr als 600 Predigten gehalten, meist in Gemeinden, denen ich zum ersten Mal begegnete. Dabei ereignen sich wunderbare Konstellationen wie diese: Beim Festgottesdienst im niedersächsischen Hilter zum 150-jährigen Jubiläum der Kirche kam ich zu spät, weil wir im Stau gestanden hatten. Die Gemeinde ließ die Glocken weiter läuten, der festliche Einzug fand mit fast 15 Minuten Verzögerung statt. Die Posaunen erschallten, aber als die Orgel einsetzen sollte, musste die Organistin einen Stromausfall melden. Während der Predigt schließlich gab es einen Kurzschluss und das Licht ging im fröhlichen Wechsel an und aus. Da ich über Erinnern und Gedenken gepredigt habe, die Weitergabe des Glaubens von Generation zu Generation, sprach ich die Konfirmanden an und sagte: „In 50 Jahren werden einige von euch hier sitzen und erzählen: Damals kam die Bischöfin zu spät und der Strom fiel aus." Ein Konfirmand sah mich erschrocken an und sagte laut: „Meinen Sie etwa mich?" Die Gemeinde lachte und freute sich, wie die Weitergabe

so aktuell verständlich geworden war.
Als Pfarrerin vor Ort ist es sonntäglich
mehr oder weniger dieselbe Gemeinde, die
„unter der Kanzel" sitzt. Als Studienleite-
rin und Generalsekretärin des Kirchen-
tages habe ich äußerst selten gepredigt.
Als Bischöfin gehört Predigen zu den zen-
tralen Aufgaben. Das Schöne am Bischofs-
amt ist, dass fast immer, wenn die Bischö-
fin kommt, ein Festgottesdienst angesagt
ist. Ein gut gefülltes, ja überfülltes Gottes-
haus erwartet mich also, eine Gemeinde,
die sich auf den Besuch der Bischöfin
freut, und meist wunderbare Kirchenmu-
sik – das sind zwei große wunderbare Ge-
schenke, oft abgehoben von den Mühen
des Alltags so manches Pastors, so man-
cher Pastorin vor Ort, dessen bin ich mir
bewusst. Die Herausforderung liegt darin,
dass von der Bischöfin dann auch eine be-

9

sondere Predigt erwartet wird, die einerseits auf die Situation vor Ort eingeht, andererseits eben über diese Situation hinausgeht. Und oft sind es auch besondere Situationen, sei es eine Synode, die Bestattung eines tot aufgefundenen Kindes, das Jubiläum des Gustav-Adolf-Werkes oder die Bibelarbeit auf dem Kirchentag. In den vorliegenden dreizehn Predigten und Bibelarbeiten kommen die „normalen" Festgottesdienste nicht vor, die geprägt sind von der Geschichte eines Ortes, eines Gotteshauses, einer Gemeinde. Mehrfach sind seelsorgliche Predigten vertreten. Das ist mir im Laufe der mehr als 25 Jahre, in denen ich nun predige, immer deutlicher geworden: Menschen kommen mit ihren Sorgen und Lebensfragen in einen Gottesdienst und haben Sehnsucht danach, gestärkt zu werden für den Alltag,

*in den sie zurückgehen werden. Heilend
kann dann die Predigt wirken, ermutigend
oder auch schlicht bildend, weil ein Text
neu erschlossen wird.*

*Jede Predigt und auch jede Bibelarbeit ist
ein Dreiecksgeschehen zwischen dem biblischen Text, der eigenen Person und dem
Lebenskontext der Hörenden. Die zeitliche
Bedingtheit ist mir bewusst geworden etwa, wenn es in einer Predigt um Patientenverfügungen geht und wir inzwischen mit
der gesetzlichen neuen Regelung in anderen Voraussetzungen stehen. Oder mit
Blick auf den Irakkrieg und seine Aktualität in einer der Predigten. Heute ist er in
den Hintergrund getreten. Genau das aber
macht ja die andauernde Aktualität der
Bibel aus: Sie ist ein nie ausgelesenes
Buch, weil ihre Weisheit, ihre Kenntnis des
Menschen, ihre Frage nach Gott, die in ihr*

dokumentierte Glaubenserfahrung sich in einen Dialog begeben mit heutigen Menschen. Es begeistert mich immer wieder, wie die Texte der Bibel lebendig werden können für eine Gemeinde heute, wie sich aktuelle Bezüge eröffnen, Lebenskraft aus ihnen strahlt und wirksam, sogar heilsam wird.

„Du stellst meine Füße auf weiten Raum" – als ich zur Bischöfin gewählt wurde, habe ich diesen Psalmvers mit auf den Weg genommen. Mein Eindruck damals war: Wenn Gott dich irgendwo hinstellt, kannst du sicher stehen trotz aller Unsicherheiten. Und mit dem Spielbein sozusagen kannst du den weiten Raum erkunden, schauen, wer du bist im neuen Umfeld. So verhält es sich auch mit dem Predigen: Wir erfahren uns von Gott geerdet in diesem Buch, das unserem Glauben die Grundlage und den

Ausgangspunkt gibt, zuallererst, weil es erzählt von Jesus Christus, der geboren wurde, von der Liebe Gottes predigte, gelitten und den Tod überwunden hat. Und auch von Gott dem Schöpfer, von den Erfahrungen Israels mit diesem Gott, vom Wirken des Heiligen Geistes. Dieses Buch gilt es, ins Gespräch mit unserem Leben heute zu bringen. Darum geht es in jeder Predigt. Als „gelungen" erlebe ich eine Predigt, wenn ich für mich zuallererst den Eindruck hatte, ich habe mich intensiv mit dem Text wie mit den Zusammenhängen seines Entstehens auseinandergesetzt, hatte ausreichend Zeit, den Text bewusst zu lesen, ihn wahrzunehmen und exegetisch einzuordnen. Zum Zweiten ist mir wichtig, den Kontakt mit der Gemeinde vor Ort zu finden, mich vorab kundig zu machen, was dort aktuell ansteht und was historisch zu bedenken ist. Schließlich geht es um den Kontext unserer Zeit. Welche Menschen sind anwesend, mit welchen Sorgen, Fragen, Nöten, welchen aktuellen Themen? Die Bibel in der einen und die Zeitung in der anderen Hand zu halten, sagte Karl Barth, sei ein guter Ausgangspunkt für die Predigtvorbereitung.

Schließlich: Es gibt die heilende und die ermutigende Funktion der Predigt, aber als Bischöfin auch die lehrende und verbindende. Einer Gemeinde von der anderen erzählen, die Fragen an unsere Kirche heute vor Ort einbringen, das reformatorische Erbe vermitteln und auch theologische Fragestellungen weitergeben, das ist gleichermaßen Aufgabe bischöflicher Predigten.

Und nicht zuletzt: Martin Luther hat einmal gesagt, das Evangelium könne nur mit

Humor gepredigt werden. Ein wenig Hei-
terkeit darf dabei sein, Lust am Leben,
Freude am Glauben und am Christsein,
denn wir glauben nicht an einen Toten,
sondern an den auferstandenen Christus.
Und so predige ich gern, sehe die Predigt-
arbeit immer wieder als Herausforderung,
die auch für mich als Predigende je neu
Überraschungen und Entdeckungen mit
sich bringt.

August 2009
Margot Käßmann

Lasst die Liebe nicht erkalten!

Matthäus 24,1–14

Und Jesus ging aus dem Tempel fort und seine Jünger traten zu ihm und zeigten ihm die Gebäude des Tempels. Er aber sprach zu ihnen: Seht ihr nicht das alles? Wahrlich, ich sage euch: Es wird hier nicht ein Stein auf dem andern bleiben, der nicht zerbrochen werde.

Und als er auf dem Ölberg saß, traten seine Jünger zu ihm und sprachen, als sie al-

lein waren: Sage uns, wann wird das ge-
schehen? Und was wird das Zeichen sein
für dein Kommen und für das Ende der
Welt? Jesus aber antwortete und sprach
zu ihnen: Seht zu, dass euch nicht jemand
verführe. Denn es werden viele kommen
unter meinem Namen und sagen: Ich bin
der Christus, und sie werden viele verfüh-
ren. Ihr werdet hören von Kriegen und
Kriegsgeschrei; seht zu und erschreckt
nicht. Denn das muss so geschehen; aber
es ist noch nicht das Ende da. Denn es
wird sich ein Volk gegen das andere erhe-
ben und ein Königreich gegen das andere;
und es werden Hungersnöte sein und Erd-
beben hier und dort. Das alles aber ist der
Anfang der Wehen. Dann werden sie euch
der Bedrängnis preisgeben und euch tö-
ten. Und ihr werdet gehasst werden um
meines Namens willen von allen Völkern.

Dann werden viele abfallen und werden sich untereinander verraten und werden sich untereinander hassen. Und es werden sich viele falsche Propheten erheben und werden viele verführen. Und weil die Ungerechtigkeit überhandnehmen wird, wird die Liebe in vielen erkalten. Wer aber beharrt bis ans Ende, der wird selig werden. Und es wird gepredigt werden dies Evangelium vom Reich in der ganzen Welt zum Zeugnis für alle Völker, und dann wird das Ende kommen.

Von Krieg und Kriegsgeschrei, Hungersnöten und Erdbeben redet Jesus – das wirkt gar nicht so angenehm vorweihnachtlich. So ganz verdrängen können wir trotz Lebkuchen- und Glühweingeruch nicht, wie es um die Welt bestellt ist. Die Kriege der Welt fordern Opfer. Der Hunger in Afrika verschwindet nicht, nur weil

Adventszeit ist. Und im privaten Bereich wird der schwerkranke junge Mann nicht plötzlich gesund, die Ehe auf einmal nicht wieder harmonisch und das jugendliche Problemkind nicht zum Musterschüler im Lichterglanz von Advent. Ja, dabei muss sich doch jemand etwas gedacht haben, bei dieser störenden, ja verstörenden Rede über die Endzeit, die Wiederkunft im Advent! Drei Schwerpunkte möchte ich genauer anschauen.

Die Verführung

Alles beginnt damit, dass die Jünger Jesus den Tempel zeigen. Was werden sie gesagt haben? „Rabbi, schau dir mal diese Pracht an"? Oder: „Ist es nicht wunderbar, unser Gotteshaus?" Der Jerusalemer Tempel muss ein großartiges, überwältigendes Gotteshaus gewesen sein. Groß, mit goldenen Kuppeln, Verzierungen.

Beeindruckend wie der Petersdom. Da sagt Jesus: „Es wird hier nicht ein Stein auf dem andern bleiben, der nicht zerbrochen werde." Das hört sich geradezu bedrohlich an, es klingt so gar nicht wie viele tröstende und ermutigende Jesusworte.

Eine tieftraurige Ankündigung ist das, denn im Jahr 70 nach Christus wird der Tempel wirklich durch die römischen Besatzer zerstört. Für Israel ist das der Anfang einer jahrhundertelangen Zerstörungsgeschichte, die das Volk in alle Welt zerstreut. Vielleicht wollte Matthäus das andeuten. Ob wir hier aber wirklich eine Distanzierung Jesu vom jüdischen Tempel sehen sollten? Ich meine, eher nicht.

Jesus spricht hier weniger von Zerstörung als von Verführung. Wir sollen uns sozusagen nicht von Prunkbauten, von äußerer Pracht so beeindrucken lassen, als sei sie ein Beleg für die Anwesenheit Gottes. Ein prächtiges Gotteshaus ist noch kein Beleg für Gottes Präsenz, wunderbare Kirchen noch kein Kennzeichen für lebendigen Glauben. Das müssen wir uns in Deutschland oft von unseren Partnerkirchen aus Afrika, Asien und Lateinamerika sagen lassen. Und es tut uns weh, wenn Menschen diesen Gebäuden, die unsere Väter und Mütter im Glauben geschaffen haben, in denen sie Freud und Leid vor Gott gebracht haben, links am Rande liegen lassen.

Ja, es wird Verführung geben, und die sehen wir auch. Wir werden verführt, immer wieder. Verführt zu der Behauptung, dass du ein glücklicher Mensch wirst, wenn du das richtige Auto hast. Verführt zu der Annahme, dass du liebenswert bist, wenn dein Körper nach Fettabsaugen, Silikonimplantat und Botoxspritze den Normen entspricht. Die Seele wird dabei nicht beachtet. Nur Äußerlichkeiten jagen wir nach. Das alles kann platzen wie eine Seifenblase, vergänglich wie der scheinbar unverwüstliche Tempel in Jerusalem.

Jesus vergleicht das, was an Leid und Krieg geschieht, mit dem Beginn der Wehen. Es ist schon interessant, wie viele weibliche Bilder es im Advent gibt. Die Texte sind voll von Wehen und Schwangerschaft und dem Mutterschoß einer Frau, von Maria und Elisabeth. Advent ist geradezu eine frauenkonzentrierte Zeit im Kirchenjahr.

Die Wehen werden von Jesus als starkes Bild dafür gewählt, dass Gottes Zukunft hervorbrechen wird. Jede Frau, die einmal ein Kind geboren hat, versteht das: Du kannst den Vorgang nicht mehr kontrollieren, da wirken Mächte, die stärker sind als du, du bist einfach ausgeliefert. Das kostet eine ungeheure Kraft und macht auch Angst, da kannst du nur hoffen und beten für einen guten Ausgang, falls du noch Zeit dafür hast.

Doch, die Wehen sind ein gutes Bild: Gottes Zukunft, der Tag, an dem endlich Frieden und Gerechtigkeit herrschen, ist schon auf dem Weg. Das ist ein schmerzhafter Prozess, aber er ist unaufhaltsam. Darin liegt auch eine große Hoffnung: Wir dürfen „guter Hoffnung" sein. Wir verstehen vieles nicht, wir können es nicht beherrschen und kontrollieren, wir können uns den Wehen nur anvertrauen, einen Atemrhythmus finden und auf das gute Ende Gottes vertrauen. Wenn wir Gott in diesem Prozess nicht erkennen, ist unser Blick meist abgelenkt oder verführt. Und: Gott ist eben Gott und keine mathematisch greifbare Formel. Gottes Wirken ist nicht immer analysierbar, manchmal ist es schlicht verborgen.

Glauben heißt vertrauen – das können wir neu lernen im Advent, wenn wir uns nicht verführen lassen von der Glitzerwelt der Werbewirtschaft oder betörendem Lebkuchenduft.

Liebe erkaltet in der Ungerechtigkeit

Nun haben schon viele das Ende erwartet. Gerade die ersten Gemeinden hatten damit zu kämpfen, dass sie in der Erwartung lebten, der Auferstandene werde schon bald kommen. Und dann starben die ersten Christen und es entstand eine Glaubenskrise.

Nach fast 2000 Jahren hat sich die Lage verändert. Die Zeit ist so lang geworden seit der Geburt des Gotteskindes, dass eigentlich niemand mehr mit der Wiederkunft rechnet. Wer von Endzeit spricht, gilt eher als Spinner, und so manch einer, der feste Daten errechnet hat, hat sich zum Gespött der Leute gemacht.

Vielleicht ist das schönste Bild, das unser Text bietet, das vom Erkalten der Liebe. Das sei ein Zeichen für das Ende der Zeit. Das Erkalten der Liebe ist schlicht eine Konsequenz der Verdrängung Gottes. Gott ist ja nicht abwesend, aber Gott wird zur Seite geschoben, irrelevant, scheinbar nicht gebraucht in unserer Gesellschaft. Wir meistern unser Leben schon selbst, sagt unsere Zeit. Wir sind selbst Herren unseres Tuns, unseres Schicksals, Eigenverantwortung steht im Mittelpunkt. Doch, da kann es kalt werden, weil jeder sich selbst der Nächste ist, Nächstenliebe keinen Raum mehr hat. Genau damit hat unser Land heute zu kämpfen. Wie kann es sein, dass völlig erschöpfte Pflegekräfte keine Zeit mehr haben für die Alten, aber nicht ein anderer sagt: „Ich besuche Frau Meier regelmäßig"? Wie kalt ist die Liebe, wenn sich die Mutter eines schwerstbehinderten Kindes anhören muss: „Das ist doch heute nicht mehr nötig. Wenn Sie's wussten, warum haben Sie nicht abgetrieben?" Kalt wird es, wenn jeder nur denkt: „Hauptsache, ich habe einen Arbeitsplatz, was gehen mich die anderen an? Hartz IV ist okay, solange es mich nicht trifft."

Aber sind das Zeichen der Endzeit? Oder vielleicht einfach Zeichen, dass wir nicht gottverlassen sind, aber wir Gott verlassen haben? Doch, das ist ein gutes Thema für den Advent, in dem die Herzen warm werden sollen. Eine Fastenzeit war das ja ursprünglich, Bußzeit zur Vorbereitung auf das Kommen Gottes. Als ich vorgestern Abend nach Berlin hineinfuhr, habe ich gestaunt, wie viele Fenster mit Sternen, Lichterketten, bunten Girlanden geschmückt sind. Unglaublich! Fast schon amerikanische Verhältnisse! Aber ist das ein Willkommensgruß für das Gotteskind? Ein Protest gegen die Dunkelheit? Oder ist das ein Ausblenden der tiefen Fragen im Leben, ein Sich-selbst-Blenden, nicht aushalten, auf die Realität des Lebens zu schauen? Verstehen Sie mich nicht falsch! Ich liebe die Adventszeit mit ihren Ritualen und Lichtern, mein Mann meint sogar, ich würde in dieser Zeit einen handfesten Hang zum Kitsch entwickeln. Und so leuchtet auch im Bischofsgarten ein kleines Lichterbäumchen und steht in unserem Küchenfenster ein Adventsbogen. Ja, ich freue mich am Licht. Aber das grelle Geblinke, rot-gelb-blau-grün im Sekundenwechsel, das erscheint mir eher als ein Stressphänomen. Buntes Licht gegen nachdenkliche Tage?

Advent ist etwas anderes. Advent lenkt nicht ab. Maria und Josef waren wahrhaftig kein romantisches Liebespaar, die Krippe kein kuscheliges Babybett, der Stall kein angenehmes Hotelzimmer. Gottes Menschwerdung ist real, nicht verkitscht. Gott weiß, was Menschsein heißt. Ich denke nicht, dass es im Text darum geht, nun überall nach Zeichen des Weltendes Ausschau zu halten. Es geht darum, dass wir unser Leben an unserem Glauben ausrichten. Ist uns bewusst, dass unser Leben begrenzt ist? Eines Tages werden wir dastehen und Gott sagen, was wir mit der uns geschenkten Zeit getan haben. Advent ist eine gute Zeit, um innezuhalten. Was ist mit meinem Leben? Wo stehe ich? Was liegt mir am Herzen? Wo steht Versöhnung aus? Wo bin ich gescheitert? Ja, Advent kann eine heilsame Zeit sein. Eine Zeit, in der wir die Dinge zurechtrücken in unserem Leben.

Das Beharren

Jesus will uns mit seinen Worten nicht zur Weltflucht verführen nach dem Motto: „Ist sowieso alles furchtbar, zieht euch zurück, haltet ganz fest am Glauben und wartet auf die nächste Welt." Auch soll der Text nicht den Advent in apokalyptische Untergangsstimmung tauchen. Nein, er will ja gerade einen Leitfaden anbieten durch die ganzen Wirren dieser Welt. Die Liebe soll eben nicht erkalten, Ungerechtigkeit soll nicht das letzte Wort haben und auch nicht der Krieg! Wir hören doch die Worte Jesu, die von den Sanftmütigen, den Friedfertigen, von denen, die reinen Herzens sind – sie sollen selig werden! „Wer aber beharrt bis ans Ende, der wird selig werden."

Für mich heißt das: „Lassen wir uns nicht beirren!" Es ist heute so leicht, sich über das Christentum lustig zu machen. Irgendwie von gestern. Wie viel Verachtung erleben wir manches Mal: „Kirche, hast du das nötig?"

Oder ändert sich da etwas? Ist in den letzten Monaten nicht doch plötzlich die Frage im Raum: War da was? Haben wir vielleicht mit der ständigen Banalisierung von Werten und Religion die Grundlagen unserer Gesellschaft preisgegeben? Das größte Problem für die Religion ist gar nicht die Säkularisierung, es ist die Banalisierung, die Karnevalisierung. Alles ist in unserem Land scheinbar lustig, wenn wir den Fernseher oder das Radio anschalten. Ein Gag folgt dem anderen, und die ganze Nation scheint heiß interessiert daran, wie sich Möchtegern-Stars im Dschungel tapfer mit irgendwelchen Würmern überschütten lassen. Nichts ist wertvoll, Respekt vor bestimmten Grundüberzeugungen wird lächerlich gemacht und Eltern wissen nicht, was sie ihren Kindern eigentlich beibringen sollen.

Treten wir als Christinnen und Christen energisch dagegen an? Oder haben wir Angst, spießig genannt zu werden, ständige Spielverderber zu sein? Wenn das Christentum moralisierend daherkommt, ist es wenig anziehend und kaum überzeugend. Respekt aber erwerben wir, wenn wir ernst nehmen, woran wir glauben. Beharren heißt auch: Das Gotteskind in der Krippe wieder erwarten. Festhalten am Glauben und an den Traditionen. Gott wird Mensch. Ja, das ist schwer zu verstehen. Und doch großartig! Gott wird wie du und ich, um uns nahe zu sein. Deshalb können wir uns Gott anvertrauen in guten und in schweren Zeiten.

Ein Kind – so erscheint der kommende Christus! Kein großer imposanter Herr, kein Kriegsheld. Ein Neugeborenes. Gott macht sich selbst verletzbar, wird uns Menschen nah. Diesem Gott können wir uns anvertrauen. Wir müssen das Weltenende nicht herbeisehnen. Wir dürfen auch dankbar sein, glücklich, das Leben als Geschenk sehen. Und wenn es schwer ist, wissen wir, dass der, der am Kreuz gelitten hat, uns hört und versteht. Nein, Advent macht nicht plötzlich alles heil. Aber Advent lässt alles in anderem Licht erscheinen. Dafür stehen die Lichter, die wir anzünden. Eines Tages wird alles Leid und alles Geschrei ein Ende haben. Wir werden Gott sehen, Gott wird bei uns wohnen. Bis dahin dürfen wir uns Gott anvertrauen in diesem Leben. Wir werden versuchen, hier und da ein Licht anzuzünden. Durch den Besuch bei der alten Dame, durch das Engagement gegen den Krieg, durch die Partnerschaft mit einer Gemeinde in Äthiopien. Kleine Lichter, ja. Aber Lichter, die wie ein roter Faden den Weg weisen durch die Dunkelheit. Eine Lichterkette der Hoffnung, die sich nährt aus der Botschaft vom Kommen Gottes in die Welt. Wir sind nicht allein, Gott ist bei uns. Jetzt und über dieses Leben hinaus. Wir müssen uns nicht fürchten. Wir dürfen unser Leben sehen im großen Kontext von Gottes Zeit und Ewigkeit. Dieser Kontext setzt ein Licht schon in dieser Welt, so verwirrt sie uns erscheinen mag. Lassen wir uns nicht verführen und ablenken. Lassen wir die Liebe nicht erkalten. Halten wir fest an der Hoffnung: Gottes Licht kommt.

Predigt im Gottesdienst zum Konventswochenende Loccum, 2. Advent 2004

Leben macht nicht nur Spaß: Leben macht Sinn

Hebräerbrief 4,12–13

Wer eine Position vertritt, muss mit Widerspruch rechnen. In Briefen und Kommentaren wird mir bisweilen vorgeworfen, ich sei konservativ, engstirnig, antiaufklärerisch, intolerant. Das macht sehr nachdenklich, habe ich doch nur dafür plädiert, dass beamtete Lehrerinnen im öffentlichen Dienst kein Kopftuch tragen und Theaterstücke mit nackten Frauen an Nähmaschinen nicht unbedingt in einer

Kirche aufgeführt werden müssen. Dürfen wir nicht Position beziehen?

Der Predigttext für heute aus dem Hebräerbrief meint dazu:

Denn das Wort Gottes ist lebendig und kräftig und schärfer als jedes zweischneidige Schwert und dringt durch, bis es scheidet Seele und Geist, auch Mark und Bein, und ist ein Richter der Gedanken und Sinne des Herzens. Und kein Geschöpf ist vor ihm verborgen, sondern alles ist bloß und aufgedeckt vor den Augen Gottes, dem wir Rechenschaft geben müssen.

Das ist ein Text so recht nach meinem Herzen. Wir müssen mutiger werden, Gottes Wort auch als trennend und richtend zu sehen. Ein zweischneidiges Schwert ist nun einmal sehr scharf. Schon in der Barmer Theologischen Erklärung 1934 ist deutlich: Wenn wir Jesus Christus als das eine Wort Gottes verstehen, wenn wir uns auf Gottes Wort einlassen, dann mag es wahrhaftig sein, dass wir uns hier und da oder auch grundsätzlich vom Trend, vom Zeitgeist, vielleicht auch von der Mehrheitsgesellschaft unterscheiden müssen. Das ist nicht immer einfach, ich weiß! Und manche sagen auch, wir müssten uns alldem mehr anpassen, um attraktiver zu werden…

Drei Beispielen aus dem Bereich der Medienwelt möchte ich nachgehen.

Da ist zunächst die sogenannte Spaßgesellschaft. Wer abends durch die Fernsehprogramme zappt, wird mit einem Ulk, Gag und Blödsinn nach dem anderen konfrontiert. Ob das Möchtegern-Stars sind, die sich in den Dschungel verfrachten lassen, um Kakerlaken dort heldenhaft den Kopf abzubeißen oder pervertierte Sexualfantasien, die sich in sogenannten Schulmädchen-Reports ausleben oder kreischende Komödianten, die Witze machen, die ich nicht komisch finden kann. Ist das Leben eigentlich nur ein schreiender Lachkrampf?

Die Spaßfrage wird inzwischen übrigens geradezu ernst. Eine Umfrage in den USA hat festgestellt, dass dort traditionelle Informationsquellen wie Abendnachrichten im Fernsehen oder Zeitungsberichte offensichtlich für die jungen Amerikanerinnen und Amerikaner an Bedeutung verloren haben. Hat in den letzten Jahren vor allen Dingen das Visuelle die Menschen geprägt, ist heute der politische Akzent auf das Virtuelle gelegt. Hinzu kommt: Etwa jeder fünfte Amerikaner unter dreißig bezieht die eigenen politischen Meinungen aus Comedy-Shows! Das ist ein Indiz für den Einfluss der sogenannten Spaßgesellschaft. In dieser Situation ist es wichtig, dass wir als Christinnen und Christen eine Gegenkultur abbilden, die nicht griesgrämig daherkommt, aber doch etwas von der Tiefe des Lebens einbringt. Leben macht nicht nur Spaß, nein: Leben macht Sinn.

Da ist zum anderen unser Leben im Medienzeitalter insgesamt. Wenn wir alle permanent zappen, telefonieren, simsen und surfen, können wir dann überhaupt noch von Mensch zu Mensch kommunizieren? Was macht das mit unserer Seele? Wenn wir immer nur funktionieren, verlieren wir uns selbst. Kennen Sie die Erzählung von einem Indianer, der das erste Mal in einem Auto mitfährt? Nach einer Weile bittet er darum, dass angehalten wird, und setzt sich an den Straßenrand. Als der Autofahrer fragt, was er da macht, sagt er: „Ich warte darauf, dass meine Seele hinterherkommt." Mir gefällt diese Geschichte gut, weil sie etwas beschreibt, was heute oft passiert.

Viele Menschen in unserem Land leben sehr schnell, sind ununterbrochen aktiv, faxen, telefonieren per Festnetz und per Handy. Während es früher einige Zeit dauerte, bis wir einen Brief geschrieben hatten, bis der ankam und schließlich wiederum die Antwort, erwarten heute viele, dass auf eine E-Mail binnen Minuten oder zumindest Stunden reagiert wird. Alles ist laut und wir lassen uns ununterbrochen beschallen. Inzwischen imitieren angeblich bereits die Singvögel Handyklingeltöne. Viele Menschen kennen gar keine Stille mehr und wissen nicht, wie sie damit umgehen sollen.

Sollten wir als Christinnen und Christen da nicht auch eine Gegenkultur aufzeigen, die die Ruhe kennt und um die Bedeutung der Seele weiß? Wir haben in Niedersachsen mehrere Klöster, einige bieten Einkehrtage, Einüben in die Stille an. Immer wieder erzählen mir Menschen, was für eine überwältigende Erfahrung das sein kann. Eine solche Erfahrung könnten wir gerade in der Passionszeit machen. Wie wäre es mit etwas Ruhe für die Seele, in die wir uns in den sieben Wochen vor Ostern einüben? Es geht um die Innerlichkeit, das, was den Menschen in der Tiefe ausmacht, ja zum Menschen macht. In all der elektronischen Kommunikation, in der wir leben, in dieser ganz und gar technisierten Welt scheint es manchmal, als ob die Veränderungen so rapide sind, dass wir gar nicht mehr erfassen, wer wir sind, und uns selbst verlieren. Oder anders ausgedrückt: Unsere Seele kann nicht Schritt halten. Sorgen wir bewusst für unsere Seele! Sie ist so oft erschöpft und verletzt, vielleicht auch einfach vernachlässigt. Seel-Sorge braucht unsere Zeit!

Als drittes Beispiel für ein schneidendes Schwert – oder etwas sanftmütiger: für eine Gegenkultur – will ich die Notwendigkeit zur Unterscheidung von virtueller Wirklichkeit und Wahrheit nennen. Jeden Tag können Menschen Tote oder Sterbende in den Medien sehen. Es gibt hier kaum noch moralische Grenzen. Der „Leichen-Plastinator" Gunther von Hagens ist hier nur ein Beispiel für die ethische Grenzüberschreitung, ein extremes allerdings, das Tote gnadenlos vermarktet. Für mich ist seine Ausstellung „Körperwelten" ein Kennzeichen für religiöse und kulturelle Ignoranz. Hochkulturen haben immer eine Würde der Toten gekannt. Virtuell ist der Tod in der Mediengesellschaft allgegenwärtig. In der Realität aber sind Menschen überhaupt nicht mehr gewöhnt, mit dem Tod umzugehen.

Bei Treffen mit Vikarinnen und Vikaren wird mir immer wieder bewusst, dass ihr größter Realitätsschock die Begegnung mit Toten war. Einem Sterbenden die Hand halten, einen Toten aussegnen, am offenen Sarg ein Vaterunser sprechen – das ist für viele eine Erfahrung, die sie vorher gar nicht mehr gemacht haben. Der Tod wird zwar ins Öffentliche gezerrt, aber aus der Erfahrung gedrängt. Er ist in den Medien präsent, aber im Privaten nicht mehr erträglich. Für die Kirche sehe ich die Verantwortung, dieses Thema wieder als persönliche Erfahrung adäquat zu besprechen. So wie es in Psalm 90 heißt: „Lehre uns bedenken, dass wir sterben müssen, auf dass wir klug werden."

Mir steht ein Familienvater sehr nahe, der mit einer Krebserkrankung konfrontiert ist, für die es wenig Hoffnung gibt. In solchen Situationen muss sich der Mensch fragen: Wie will ich sterben? Was will ich noch besprechen und regeln? Und dann müssen da Menschen sein, die nicht ausweichen, sondern Worte kennen für das Sterben und das Auferstehen; dafür, dass der Tod in unserem Glauben kein hoffnungsloser Fall ist. Im gemeinsamen Gespräch mit ihm, seiner Frau und meinem Mann wurde mir deutlich: Viele haben die Vokabeln verlernt und das Gespür und den Glauben und die Rituale. Da werden wir gebraucht als Christinnen und Christen im Land, denn wir kennen eine Sprache für diese Fragen, den Glauben. Es tut vielen gut, darüber zu sprechen, sie haben Sehnsucht nach dieser Sprache. Haben wir Mut, sie zu sprechen – auch, wenn wir um Worte ringen müssen.

Neben dem Bild des zweischneidigen Schwertes hat mich beim Predigttext vor allem das Wort von der Rechenschaft umgetrieben. Sind wir uns eigentlich klar darüber, dass unser Leben begrenzt ist? Macht nicht das Bewusstsein, dass wir alle sterben müssen, dieser Dauerwitzigkeit irgendwie ein Ende? Wir haben einen begrenzten Zeitraum zu leben. Und ich bin überzeugt, dass es Gott gegenüber tatsächlich eine Rechenschaftspflicht gibt. Haben wir unser kleines Teilstück Leben so gelebt, dass wir es Gott zurückgeben können und sagen dürfen: „Ich habe versucht, das Beste daraus zu machen"? Nein, wir müssen nicht gleich die ganze

Welt verändern. Aber wir können mitarbeiten an einer Welt, die es täglich zu verbessern gilt.

Dabei geht es wahrhaftig um Werte. Wenn der Deutsche-Bank-Manager Josef Ackermann sich erdreistet zu erklären, Deutschland sei das einzige Land, in dem Leute, die Werte schaffen, „deswegen vor Gericht gestellt werden", dann zeugt das von einer völligen Verdrehung der Werte! Börsenwerte und Millionenprämien sind keine Werte, sondern schlicht schnöder Mammon. Wir brauchen Vorbilder mit einer Werteorientierung durch Ehrlichkeit, Ernsthaftigkeit, Nächstenliebe, Gemeinwohl. Können wir da auf die Jugendlichen schimpfen? Ja, wir sind schockiert, wenn sie in Schulen oder in U-Bahnhöfen andere misshandeln. Was glauben sie denn, wer sie sind? Was wollen sie zurücklassen, wenn sie eines Tages vor Gott stehen? Wissen sie überhaupt etwas von einer Rechenschaftspflicht? Aber welche Vorbilder haben sie denn und wer gibt ihnen Werte vor? Eine abgelenkte Fernseh-gesellschaft, in der Raffen und Abzocken gefeiert wird, sicher nicht. Da sind wir Christinnen und Christen gefragt.

Es gibt dieses schöne Bild von den Warm-duschern. Die Versuchung kennen wir alle. Wir wissen, es wäre gut, morgens mit einem eiskalten Duschguss abzuschließen. Aber was tun wir? Oft wird es bestenfalls lau, eher selten sind wir richtig tapfer, und es wird eiskalt. Vielleicht stehen wir als Christinnen und Christen tatsächlich in der Versuchung, Lau-Redner zu werden. Wir lassen dann fünfe gerade sein, wenn es um die Zehn Gebote geht oder unseren Umgang mit anderen Menschen mit Blick auf die Nächsten-liebe. Ein merkwürdiger Zwiespalt: Einerseits rufen die Menschen nach Orientierung, andererseits wollen sie alles individuell entscheiden – und bitte keine Lebensregeln von der Kirche! Wie gehen wir damit um?

Ich bin überzeugt: Glaubwürdigkeit gewinnen wir nur, wenn wir die Wahrheitsfrage auf den Tisch legen. Es gibt gut und böse! Müssten wir nicht auch sagen: Es gibt richtig und falsch? Sicher, nicht immer ist das ganz klar, ganz einfach und ganz eindeutig. Das Ringen um die Wahrheit gehört zum Glauben dazu. Aber müssten wir nicht unseren Kindern, der jungen Generation diese Alternativen und Maßstäbe auch vorlegen? Ist es nur spießig, nicht alles gleich gut zu finden? Ich jedenfalls habe mehr Angst vor einer Welt, in der alles gleich gültig und damit gleichgültig ist, als vor einer Welt, in der wir darum ringen, Unterscheidungen zu treffen.

Ja, der Hebräerbrief ist eine Mahnrede. Das muss aber nicht gleich eine Bedrohung sein. Vielleicht können wir die Ermahnung auch als eine Hilfestellung verstehen. Als Beispiel will ich die Erziehung nehmen. So mancher Satz meiner Großmutter, über den ich als

Jugendliche gestöhnt habe, hat sich tief in mir eingegraben und ich greife manchmal darauf zurück. Zum Beispiel: „Lass die Sonne nicht über deinem Zorn untergehen." Das ist klug, das habe ich inzwischen gelernt, und auch aus der Bibel.

Ich glaube nicht, dass wir unseren Predigttext vom zweischneidigen Schwert einfach zu einer platten Drohung machen können. Vielleicht ist das eher der ganz große Trost: Wir verstricken uns in Lebenslügen, in Schuld, in falsche Wege. Gott aber sendet ein Wort, das Klarheit bringt. Wenn wir uns ganz persönlich vor Gott stellen, können wir dieser Wahrheit auch ins Gesicht sehen. Wir wissen selbst, wenn wir ehrlich sind und uns die Ruhe zur Rechenschaft nehmen, was gut und böse ist. Gottes Wort ist eine lebendige Kraft mitten unter uns, die uns ermutigt, Entscheidungen zu treffen, die Gedanken und Herz beurteilen kann.

Eine Predigt sollte kein Donnerwetter und keine Standpauke sein. Aber wir dürfen auch nicht in eine Gefühlsduselei verfallen. Es wäre eine völlig falsch verstandene Toleranz, wenn unterschiedslos alles nebeneinander bestehen könnte. Wir haben eine große Chance der Freiheit in unserem Land, die wir wahrnehmen und bewahren müssen. Ich bin überzeugt, dass diese Freiheit auf Gottes Geschenk der Freiheit beruht, beispielsweise der biblischen Erkenntnis, dass Mann und Frau gleich geschaffen sind, dass sich in jedem Menschen Gottes Ebenbild spiegelt.

Christinnen und Christen leben auf der Grundlage des Wortes Gottes. Sie hören dieses Wort als ihnen zugesagt, sie verstehen es als Orientierung und Lebenskraft, sie finden Orientierung in Jesus Christus als dem einen Wort Gottes. Das wird ihnen ein kritisches Vermögen mitten in ihrer Zeit geben, das Neuem aufgeschlossen gegenüber ist, aber doch Wertmaßstäbe, die Kraft des Unterscheidens in gesellschaftliche Vorgänge hineinbringt. Auch da, wo eine eigene Haltung in Auseinandersetzung mit dem Zeitgeist führt. Das gilt heute etwa für eine gewisse Ernsthaftigkeit und Rechenschaftspflicht mitten in der Spaßgesellschaft, das gilt auch für die Wahrnehmung der Stille, die Sorge um die Seele, das Gespräch über Gott und das Sterben mitten in der säkularen Gesellschaft und im Medienzeitalter. Dadurch können wir eine für unsere Zeit wichtige Gegenkultur erzeugen, die in der Kirche ihren Ort hat und Herberge für viele werden kann. Machen wir uns auf mitten in unserer Gesellschaft! Nicht gewalttätig mit Schwertern. Aber mit dem Wort Gottes im Handgepäck, das uns widerständig machen kann und ermutigt, nicht jedem Trend zu folgen.

Predigt in der Marktkirche Hannover,
15. Februar 2004

48

Schlangengeflüster

1. Mose 3,1–19

Aber die Schlange war listiger als alle Tiere auf dem Felde, die Gott der Herr gemacht hatte, und sprach zu der Frau: Ja, sollte Gott gesagt haben: Ihr sollt nicht essen von allen Bäumen im Garten? Da sprach die Frau zu der Schlange: Wir essen von den Früchten der Bäume im Garten; aber von den Früchten des Baumes mitten im Garten hat Gott gesagt: Esset nicht davon, rühret sie auch

*nicht an, dass ihr nicht sterbet! Da sprach
die Schlange zur Frau: Ihr werdet keines-
wegs des Todes sterben, sondern Gott weiß:
an dem Tage, da ihr davon esst, werden eure Augen aufgetan, und ihr werdet sein wie
Gott und wissen, was gut und böse ist.*

*Und die Frau sah, dass von dem Baum gut
zu essen wäre und dass er eine Lust für die
Augen wäre und verlockend, weil er klug
machte. Und sie nahm von der Frucht und
aß und gab ihrem Mann, der bei ihr war,
auch davon und er aß. Da wurden ihnen
beiden die Augen aufgetan und sie wurden
gewahr, dass sie nackt waren, und flochten
Feigenblätter zusammen und machten
sich Schurze.*

*Und sie hörten Gott den Herrn, wie er im
Garten ging, als der Tag kühl geworden
war. Und Adam versteckte sich mit seiner
Frau vor dem Angesicht Gottes des Herrn*

unter den Bäumen im Garten. Und Gott der
Herr rief Adam und sprach zu ihm: Wo bist
du? Und er sprach: Ich hörte dich im Gar-
ten und fürchtete mich; denn ich bin nackt,
darum versteckte ich mich. Und er sprach:
Wer hat dir gesagt, dass du nackt bist?
Hast du nicht gegessen von dem Baum, von
dem ich dir gebot, du solltest nicht davon
essen? Da sprach Adam: Die Frau, die du
mir zugesellt hast, gab mir von dem Baum
und ich aß. Da sprach Gott der Herr zur
Frau: Warum hast du das getan? Die Frau
sprach: Die Schlange betrog mich, sodass
ich aß …

Die Gottesbeziehung und die Versuchung

Da leben sie, Adam und Eva im Paradies.
Alles ist gut. Sie können sich ernähren von den
Früchten des Gartens, es fehlt ihnen an nichts.

Bis diese Schlange kommt und inneren wie äußeren Unfrieden stiftet mit der Frage: Warum eigentlich nicht die Früchte dieses Baumes?

Ist das nicht merkwürdig im Leben? Da gibt es so viele Bäume, so viele Möglichkeiten, aber dann dreht sich alles um diesen einen Baum. Das kann in der gutbürgerlichen Existenz ein Job sein, ein Auto, eine Frau, ein Mann, eine Lebensoption, eine Sucht: Plötzlich scheint es, als sei alles andere nebensächlich; es gibt fast eine Besessenheit, die keinen Blick nach links oder rechts mehr zulässt. Da ist keine Distanz mehr möglich, kein Schritt zurück, um noch einmal nachzudenken. Das muss es sein. Jetzt sofort. Es scheint irgendwie jemand zu fehlen, der ruft: „Cool down! Beruhige dich! Eva, Adam, denkt doch erst einmal nach!"

Eva hört die Frage der Schlange. Vielleicht ist sie irritiert über die Störung des Selbstverständlichen. Aber sie bestätigt zunächst die Regeln Gottes. Eva ist sozusagen der Urtyp des braven Menschen, der eine Versuchung erst einmal abwehrt. „Das macht man nicht!" Die Gebote sind gute Gebote, die Situation, in der ich lebe, ist gut, ich bin zufrieden. Aber es gibt diese Versuchung, wenn die Grenzüberschreitung in Reichweite kommt. Vielleicht können wir das als „Schlangengeflüster" bezeichnen. Die Schlange ist ja nicht plump und sagt: „Nun überschreitet mal eben Gottes Gebote!" Nein – die Schlange ist ungeheuer raffiniert, teuflisch raffiniert sozusagen: „Sollte Gott gesagt haben, ihr sollt nicht essen von allen Bäumen im Garten?" Das ist geradezu eine perfide Verdrehung der Tatsachen.

Eva versucht, standhaft Gott zu verteidigen, zur Verabredung zu stehen. Aber es ist wohl zu spät. Der Zweifel ist gesät. Und nun beginnt es zu nagen im Menschen: Ist das wirklich ein *gutes* Gebot Gottes? Oder ist das nicht ein ärgerliches Verbot, reine Schikane, mit der freier Wille unterdrückt wird? So wird langsam, aber sicher Gottvertrauen zersetzt. „Was würde denn passieren, wenn ich die Gebote überschreite?" Oder: „Was würde ich Tolles verpassen, wenn ich die Gebote *nicht* überschreite?"

Das kleine Sexabenteuer neben der Ehe? So ein bisschen meine Macht über andere perfide ausnutzen gibt schon ein tolles Überlegenheitsgefühl, stimmt's? Das Angebot von den angeblich „naturgeilen Ukrainerinnen" aus der Zeitung annehmen – für so manchen offenbar eine Versuchung. Doping, das keiner merkt? Oder nur ein klitzekleines Fußballspiel falsch pfeifen, und schon gibt's Geld satt! Geht es um Geld, ist die Versuchung zum Betrug immer groß.

Die Grenzüberschreitung, die Regelverletzung, die Verführbarkeit bringt sehr schnell das Böse in die Welt. Lust am Risiko, die Sehnsucht nach Veränderung – alles das ist nicht von vornherein schlecht. Es kann sogar kreativ sein.

54

Aber mit der Missachtung der Gebote wird auch die Gottesbeziehung zerstört. Und das geschieht genau dann, wenn Gott uns ruft: „Adam, wo bist du?" und wir nur noch Ausflüchte kennen. „Adam, Eva, wo seid ihr?", fragt Gott, es ist Gottes erste Frage an den Menschen. „Was ist los? Gelten die Regeln für ein gutes Leben nicht mehr? Wollt ihr euch in pure Egomanie verabschieden?" Die Versuchung zur Selbstüberschätzung, kann die Gottesbeziehung zerstören. Der Mensch, der meint, alles im Griff zu haben, der keine Rechenschaft mehr ablegen will über das eigene Tun, überschätzt sich selbst, berauscht sich an der vermeintlich eigenen Macht und legt Gott zu den Akten.

Die Beziehung der Menschen

Zerstörtes Vertrauen zu Gott führt zu zerstörtem Vertrauen untereinander. Die Missachtung der Gebote macht das Zusammenleben schwer. Adam und Eva stehen für Prototypen. Adam heißt im Hebräischen zunächst schlicht „Mensch". Um die Verführbarkeit zum Bösen des Menschen an sich geht es. Mit dem großen Menschheitsbild von Adam und Eva war von Anfang an auch die spezifische Beziehung zwischen Männern und Frauen ein Thema. Eva gilt als die große Verführerin. In der Kirchengeschichte wurde ihr gern Maria als die gehorsame und sündlose Gottesmutter gegenübergestellt. Wenn wir die Paradiesgeschichte sehen, erliegen Adam und Eva allerdings gleichermaßen der Verführung – da haben es sich manche Kirchenväter zu leicht gemacht mit ihrer Interpretation, dass das Böse durch die Frauen in die Welt gekommen sei. Wobei: Der Mann würde bei so einer Auslegung auch nicht gut wegkommen – Adam wäre ja sozusagen der verführte Depp.

Allerdings sehe ich die Geschichte gar nicht so sehr als Mann-Frau-Drama. Eher geht es um die Frage der Beziehungsfähigkeit des Menschen. Kaum wird Fehlverhalten offensichtlich, beginnen die Schuldzuweisungen. Der oder die andere war's! Gottvertrauen und Menschenvertrauen sind zerstört.

Das ist der empörte Ruf der Kinder: „Ich war's nicht!" Genau so stiehlt sich der Mensch gerne aus der Verantwortung. „Ich war's nicht", haben viele Menschen in unserem Land nach 1945 gesagt. Das hat so nachhaltig gewirkt, dass viele junge Leute heute meinen, die Mehrheit der Deutschen seien Widerstandskämpfer gewesen, Nazis habe es nur eine Handvoll gegeben. Nicht eingestandene Schuld, abgelehnte Verantwortung für die Geschichte unseres Landes und dann auch noch parteipolitische Schuldzuweisungen an andere – all das ist auch ein Nährboden für Rechtsextremisten.

Oder, als aktuelles Beispiel: Wenn die junge Zahra Kameli in den Iran abgeschoben wird und ihr dort Steinigung droht wegen Ehebruch und Übertritt zum Christentum – „Dafür kann ich nichts," höre ich einige sagen, „ist alles nach Recht und Gesetz!" Da ist die Behörde A zuständig oder das Ministerium B oder die Rechtslage C. Genau so werden menschliche Beziehungen zerstört, so entsteht Misstrauen und Verantwortungslosigkeit. Da ist dann jeder sich selbst der Nächste.

Eine solche Grundkonstellation steht in genauem Gegensatz zu dem, was wir im Abendmahl feiern: Gott schenkt uns Gemeinschaft und Vertrauen. Deshalb heißt es: Keiner sei wider den Nächsten, keiner ein Heuchler. Genau das ist die Blaupause zur Paradiesgeschichte: Es geht im Abendmahl um das neue Vertrauen, das Gott uns schenkt und das Vertrauen von uns Menschen untereinander wieder möglich macht.

Paradies und Wirklichkeit

Es geht in der Paradiesgeschichte um eine der Urfragen der Menschheit: Wie kann die Schöpfung Gottes „gut" sein und die Welt, in der wir leben, immer wieder so „böse", sei es durch Menschenhand, sei es durch Naturkatastrophen? Wo war Gott, als die Katastrophe geschah? Genau da liegt von Anfang an ein Stachel für den Glauben.

Interessanterweise schreiben mich nach Naturkatastrophen weniger Christinnen und Christen mit ihren zweifelnden Fragen an, sondern Menschen ohne Glauben. Sie fragen, wie ein Mensch angesichts einer Katastrophe an Gott glauben könne. Das ist ein fundamentaler Unterschied, denke ich! Wer an Jesus Christus glaubt, weiß, wie verletzbar das Leben ist, weiß, dass Gott selbst die Ohnmacht kennt durch das Sterben am Kreuz. Wer an den Gekreuzigten und

Auferstandenen glaubt, sieht Gott nicht als den strafenden Weltenherrscher, der mal eben ein paar Tausend Menschen hinwegfegt, sondern er kennt Gott als den, der bei den Leidenden ausharrt, bei denen in Angst um ihr Leben und ihre Lieben. Ja, in der Welt gibt es Mächte und Gewalten, die Böses wirken, sogar Menschen, die selbst mit der Katastrophe Geschäfte machen.

Gott tritt gegen das Böse an, indem er sich auf die Seite der Ohnmächtigen stellt, das ist die Botschaft Jesu. Im Licht des kommenden Reiches Gottes, in dem alle Tränen abgewischt werden und Not und Geschrei ein Ende haben, können wir uns auch in der Katastrophe anvertrauen – das sagt uns die Bibel. Eine Naturkatastrophe ist keine Strafe Gottes, wie manche gern vollmundig behaupten. Aber die Erfahrung von Zerstörung mahnt uns: Das Leben ist verletzbar; vor allem ist es endlich. Sie fragt auch: Wie gehen wir mit der Schöpfung um? Der Klimawandel, den unser Lebensstil hervorruft und den wir so gern ignorieren, werde noch in großem Umfang zu Katastrophen größten Ausmaßes führen, meinen Experten. So mahnt uns zum Beispiel die Tsunami-Katastrophe, das Thema der Globalisierung, der weltweiten Gerechtigkeit neu aufzugreifen. Wenn es Hoffnung in der Katastrophe gibt, dann müsste endlich die Bereitschaft wachsen, den Nord-Süd-Konflikt ernsthaft wahrzunehmen und nicht mehr zu sagen: „Ich war's nicht." Dann treten wir jetzt und hier an gegen das Böse in der Welt – vorläufig, ja, fehlbar, das auch, aber energisch und mit Liebe zu den Menschen, Vertrauen zu Gott und in der Hoffnung auf die Welt, die da kommt.

Sünde und Gottvertrauen

Für das Ende der harmonischen Gottesbeziehung steht die Nacktheit. Das meint gar nicht so sehr die nackten Körper, es ist nicht die Sexualität, die die Bibel hier als Sünde bezeichnet, auch wenn das in der Auslegungsgeschichte immer wieder behauptet wurde. Allzu gern wird ja auch heute Nacktheit mit „sündig" zusammengebracht. Als sei es ein Zeichen besonderer Freiheit, sich nackt in Zeitungen abbilden zu lassen. Ich finde, das ist oft eher ein Armutszeugnis – hat denn ein Mensch nichts anderes anzubieten als den eigenen Körper, der zur Ware wird? Ist es eine besondere Leistung im Leben, einen schönen Körper zu haben, oder ist das nicht schlicht ein Geschenk Gottes, an dem wir uns freuen dürfen? Ist es wirklich so eine wahnsinnige Auszeichnung, nackt im Playboy abgelichtet zu werden?

Einige werden nun sagen, ich sei nur neidisch – das nehme ich gelassen hin! Allerdings wollte ich schon immer mal die Frage stellen, warum Scham denn eigentlich etwas Negatives ist. Sie entsteht ja in dem Moment, in dem Adam und Eva sich ihrer Endlichkeit bewusst werden und von da an auf gegenseitigen Respekt vor der Würde des anderen angewiesen sind. Unverschämt, ohne Scham, das ist doch auch keine Haltung, die Gemeinschaft fördert.

Ja, es geht auch um Würde und Scham. Aber die Nacktheit in der Schöpfungsgeschichte ist ein wesentlich tieferes Symbol. Der Mensch, der sich ohne Gott verstehen will, erfährt die eigene Blöße, das eigene Ungeschütztsein im Sinne des Abgrundes von Vergänglichkeit. Wenn wir unser Leben ansehen, ohne alle Sicherheiten, ohne allen Schutz, den wir uns aufbauen, kann ein tief beängstigendes Gefühl von Unsicherheit entstehen. Sind wir nicht einfach nur ein Zufallsprodukt? Wir alle werden sterben, die einen früher, die einen später. Wenn wir diesen Blick zulassen, dann kann eine abgrundtiefe Angst entstehen.

Sünde meint, dem „Schlangengeflüster" nachzugeben. Dieser Stimme in uns, die sagt: „Wozu brauchst du Gott? Du kannst doch alles allein. Du bist unabhängig. Du hast dein Leben vollkommen im Griff!" Und dann folgt das Allmachtsgebaren von Menschen, die sich selbst an Gottes Stelle setzen, Stärke und Überlegenheit demonstrieren, meinen, sie seien die Herren über Leben und Tod. Die großen Diktatoren dieser Welt. Aber auch die kleinen Hochmütigen im Alltag. Diejenigen, die meinen, sie können andere benutzen und beherrschen und seien nur sich selbst Rechenschaft schuldig. Diejenigen, die keinen Selbstzweifel zulassen, weil jeder Blick über das eigene Gebäude von Stärke und Selbstwertgefühl hinaus eben der Blick in den Abgrund wäre.

Ich denke etwa an die Diktatoren des vergangenen Jahrhunderts. Der „größte Führer aller Zeiten" war am Ende auch nur noch ein Mann im Bunker, der Selbstmord beging. Wenn wir in diesen Tagen der Bombardierung Dresdens gedenken, wird klar, wie schnell Größenwahn in Elend umschlägt. In dem Roman „Die Reise in den siebenten Himmel" der russischen Autorin Ljudmila Ulitzkaja diskutiert eines Sonntagmorgens die Tochter Tanja mit ihrem Vater über Sinn und Bedeutung der Geschichte. Der Vater sagt: „Julius Cäsar war ein wesentlich begabterer Feldherr als Stalin, Augustinus hundertmal klüger, Nero viel grausamer und Caligula einfallsreicher im Erfinden von Gemeinheiten. Und alles, absolut alles, das Blutigste und das Erhabenste, ist eines Tages nur noch Geschichte … In einigen tausend Jahren … wird es zwei Seiten über Stalin geben und zwei Absätze über Chruschtschow. Und ein paar Anekdoten." [1]

Das zu erkennen, dazu gehört Demut! Und damit zu leben, dazu gehören Glauben und Gottvertrauen. Ja, Gott vertreibt die Menschen aus dem Paradies, weil das Vertrauen zerstört ist. Aber Gott wird nicht zum gnadenlosen Rächer, sondern bewahrt trotz aller Enttäuschung. Gott gibt dem Menschen Nahrung und Kleider auf den Weg, die Fähigkeit zum Handeln und zum Gebären.

Immer wieder wird die Gottesbeziehung durch die Versuchung der Selbstüberschätzung des Menschen gefährdet. Und auch die Beziehung der Menschen untereinander wird immer wieder gestört durch Machtgelüste und Misstrauen. Wir stehen auch heute in der Spannung zwischen Sünde und Gottvertrauen. Die Schöpfungsgeschichte ist und bleibt aktuell!

Eines aber dürfen wir jeden Tag neu hören und erfahren: Gegen all dieses Gift des Misstrauens setzt Gott durch Jesus Christus das Vertrauen – in Gott und die Menschen. Auch „jenseits von Eden" will Gott den Menschen nahe sein und wird genau dafür selbst Mensch. Das ist die Botschaft des Evangeliums. Damit können wir antreten gegen die Versuchungen der Selbstüberschätzung. Dadurch können wir uns auch mit all unseren Schwächen und Fehlern Gott anvertrauen, das Schlangengeflüster in die Schranken weisen, uns nicht dem Sog der vermeintlichen Zwänge ergeben. So können wir neuen Mut zum Glauben an Gott und neues Vertrauen zu Menschen gewinnen. Und so werden wir jenseits von Eden unsere Frau und unseren Mann stehen, antreten gegen das Böse so gut wir können – und hoffen auf die endgültige Überwindung des Bösen in Gottes Zukunft.

Predigt am Sonntag Invokavit in der Marktkirche Hannover, 13. Februar 2005

[1] Ljudmila Ulitzkaja, Reise in den siebenten Himmel, Berlin (o. J.), S. 184f.

Sehnsucht

Matthäus 17,1–9

Und nach sechs Tagen nahm Jesus mit sich Petrus und Jakobus und Johannes, dessen Bruder, und führte sie allein auf einen hohen Berg. Und er wurde verklärt vor ihnen und sein Angesicht leuchtete wie die Sonne und seine Kleider wurden weiß wie das Licht. Und siehe, da erschienen ihnen Mose und Elia, die redeten mit ihm. Petrus aber fing an und sprach zu Jesus: Herr, hier ist gut sein! Willst du, so will ich hier drei Hütten bauen, dir eine, Mose eine und Elia eine.

Als er noch so redete, siehe, da überschattete sie eine lichte Wolke. Und siehe, eine Stimme aus der Wolke sprach: Dies ist mein lieber Sohn, an dem ich Wohlgefallen habe. Den sollt ihr hören. Als das die Jünger hörten, fielen sie auf ihr Angesicht und erschraken sehr. Jesus aber trat zu ihnen, rührte sie an und sprach: Steht auf und fürchtet euch nicht. Als sie aber ihre Augen aufhoben, sahen sie niemand als Jesus allein. Und als sie vom Berge hinab gingen, gebot ihnen Jesus und sprach: Ihr sollt von dieser Erscheinung niemandem sagen, bis der Menschensohn von den Toten auferstanden ist.

Die Bergerfahrung

„Hier ist gut sein", sagt Petrus. Die Begeisterung ist durchaus nachvollziehbar. Da oben auf dem Berg, weg von all der Unruhe, der Unsicherheit, den eigenen Fragen auch. Rückzug, weg mit den Sorgen! Dem Himmel so nah! Über den Wolken muss die Freiheit wohl grenzenlos sein. Da kommt ein Gefühl der inneren Freude auf, der Beglückung. Dass Mose und Elia erscheinen, beunruhigt offensichtlich nicht. Welcome in the club! Petrus muss ein Gefühl von Erleichterung haben: Wir sind geborgen. Hier sind die großen verehrten Gestalten, warum sollten wir weg?

Eine Gipfelerfahrung kann ja zweierlei bedeuten. Ganz real: Auf dem Berg sein. Fern vom Alltag. Sich zurückziehen. Auszeit vom Trott nehmen. Plötzlich atemlos sagen: „Mein Gott, ist das schön, tut das gut!" Jesus nimmt nicht alle mit, nur drei. Intensive Gipfelerfahrungen eignen sich offenbar nicht zum Massenerlebnis.

Auch im übertragenen Sinn gibt es Gipfelerfahrungen des Lebens. Der schönste Tag, wo etwas gelingt, wir ganz oben sind. Ein Tag, der sich nicht wiederholen lässt. Der Gipfel. Der „Hammer"! Da möchten wir bleiben.

Beide Gipfelerfahrungen gibt es aber nur als Ausnahme. Du musst mühsam hinauf – und eben auch (manchmal noch mühsamer) wieder hinunter. Die Bergerfahrung ist nicht von Dauer. Beispielsweise ist die Heirat für viele der schönste Tag im Leben. Aber nicht jeder Tag ist Hochzeitstag, da kommt der Alltag der Ehe. Oder: Die Geburt eines Kindes ist ein Gipfelgefühl für die meisten Menschen. Aber dann kommen die durchwachten Nächte, erst weil die Kinder schreien, dann weil sie Windpocken haben und schließlich, weil sie von der Party zu spät nach Hause kommen. Ähnliches gilt für das Berufsleben: der Schulabschluss, der Berufsabschluss, ein Erfolg – das alles kann gefeiert werden. Aber: Wir müssen zurück ins Tal. Und Jesus muss zurück ins Tal der Passion, auf den Weg zum Kreuz.

Viele Hunderte von Jahren später hat ein anderer eine ähnliche Erfahrung gemacht. Martin Luther King sagte am 3. April 1968: „Schwierige Tage liegen vor uns. Aber das macht mir jetzt wirklich nichts aus. Denn ich bin auf dem Gipfel des Berges gewesen. Ich mache mir keine Sorgen. Wie jeder andere würde ich gern lange leben. Langlebigkeit hat ihren Wert. Aber darum bin ich jetzt nicht besorgt, ich möchte nur Gottes Willen tun. Er hat mir erlaubt, auf den Berg zu steigen… Und deshalb bin ich glücklich heute Abend. Ich mache mir keine Sorgen wegen irgendetwas. Ich fürchte niemanden. Meine Augen haben die Herrlichkeit des Herrn gesehen." Es sollte seine letzte große

Rede sein. Am nächsten Tag, dem 4. April 1968, wurde Martin Luther King ermordet.

Die Erfahrung von Verwandlung

Jesus wird „verklärt", übersetzt Martin Luther – wie sollen wir das verstehen? Petrus, Jakobus und Johannes erfahren ihn verändert. Sein Angesicht leuchtet. Der Begriff *verklärt* erschließt sich uns heute nicht so schnell. Wenn jemand verliebt ist, guckt er vielleicht völlig verklärt. Oder eine ist ganz abgeklärt, aber das heißt ja eher, sie macht sich keine Illusionen mehr. Im griechischen Urtext steht hier das Verb für Metamorphose. Das gibt es bei uns so nicht, aber es bedeutet letztlich *verwandeln*. Jesus wird verwandelt vor ihren Augen, erzählt Matthäus also. Vielleicht können wir so sagen: Er erscheint ihnen in einem neuen Licht. Die drei Jünger sehen plötzlich, dass das, was Mose und Elia und damit die großen Führer Israels und die Propheten gesagt haben, durch Jesus zu einer Erfüllung kommt. Aber nein, das ist kein ganz anderer, neuer Gott, wie es immer wieder neue Götter gibt, die wir uns schaffen oder die sich selbst ernennen. In Jesus wendet sich der Gott Israels, der Gott des Abraham und des Mose, des Jesaja und des Elia allen Menschen zu. Jesus ist nicht einfach nur ein Rabbi, er ist der Messias, er will die Geschichte Gottes mit allen Menschen, mit seiner ganzen Schöpfung zum Ende führen, zu einem guten Ende. Jesus nimmt Gottes Zusage an ihn neu wahr, die anderen erkennen in Jesus Gott selbst.

Können wir heute Gotteserfahrungen machen? Solche Momente gibt es. Zum Beispiel, wenn wir den Mut haben, uns wirklich zurückzuziehen – auf einen Berg, in eine Kirche, in einen Wald, in ein Kloster, an den Strand. In die Stille. Wenn wir das Gespräch mit Gott wagen.

Über uns. Über Gott und die Welt. Machen wir da nicht auch neue Erfahrungen, Gotteserfahrungen, die uns verändern? Oder wir lassen uns ergreifen von einer Bachkantate, von einem Bild, wir lassen uns ein auf einen Menschen oder einen Text. Da kann die Gotteserfahrung ganz plötzlich aufblitzen. Wir werden verwandelt, weil wir unser Leben, unsere Welt plötzlich neu verstehen. Keine Angst, ich rede nicht von einer Religion, die Gott in der Natur oder in mir selbst oder sonst wo erspürt. Aber ich ermutige, sich der Gotteserfahrung zu stellen, die geerdet ist in der Zuwendung, die Jesus Christus uns gezeigt hat, der unsere Mitte, das eine Wort Gottes ist.

Die Gotteserfahrung ist beängstigend. Die Welt erscheint in einem anderen Licht. Unser Leben erscheint in anderem Licht. Wir werden Grenzgänger zwischen Himmel und Erde, weil wir neue Freiheit erfahren, von dem, was die

Welt auf die erste Stelle der Tagesordnung setzt. Das ist die Freiheit der Kinder Gottes! Zu dieser Freiheit gehört Mut.

Den Jüngern macht die Gotteserfahrung Angst. Das ist verständlich. Jesus bleibt aber Mensch, seine Verklärung oder Verwandlung bedeutet nicht Abwendung. Er bleibt wahrer Mensch, er sagt: „Fürchtet euch nicht." Er berührt und bleibt so nahbar für die Menschen, damals wie heute, zu allen Zeiten. Er überschreitet die Grenze von Hier und Dann zuerst. So sät Jesus mitten unter uns die Hoffnung auf Gottes Zukunft, in der alle Tränen abgewischt werden und der Tod nicht mehr sein wird.

Die Erfahrung der Gotteskindschaft

Gottes Zusage an Jesus ist für mich die zentrale Stelle unseres Textes: Das ist mein lieber Sohn. Gott bekennt sich zu Jesus.

Im letzten Urlaub waren wir erstmals in einem Hotel statt im Ferienhaus. Und wenn wir uns in der griechischen Mittagshitze in das kühle Zimmer zurückzogen, haben meine jüngste Tochter und ich manchmal heimlich im Fernsehen Mittagstalkshows gesehen. Offensichtlich geht es darin immer um Liebe, Betrug, Schönheit – um Themen also, von denen die Bibel voll ist. Sie scheinen wirklich über die Jahrtausende relevant zu sein. Eines der Talkshow-Dauerthemen: Vaterschaft. Auch in der Form: „Ich suche meine Vater." Es gibt diese Sehnsucht in uns, dass jemand sich zu uns bekennt und sagt: „Das ist mein lieber Sohn, meine liebe Tochter."

Keine Angst, ich will das nicht übertragen auf Gott. Oder doch? Gott bekennt sich zu uns. Gott sagt: „Du bist mein Kind. Selbst wenn andere dich verachten, ich stehe zu dir." Wie viele Kinder heute wünschen sich eine solche Vertrauenszusage ihrer Eltern: Du bist mein Kind. Egal, was du bist und leistest, ich bin stolz auf dich, ich stehe zu dir. Die Gottessohnschaft Jesu ist einzigartig, gewiss. Aber er hat sie uns weitergegeben: Wir dürfen Gottes Kinder sein. Und das ist etwas Besonderes. Selbst wenn unsere Eltern uns nicht beistehen, auf unseren Vater im Himmel ist Verlass.

Vor einiger Zeit ist es einem Anrufer gelungen, zu mir durchgestellt zu werden. Muss was Besonderes sein, denke ich und hebe ab. Der Mann sagt: „Ich wollte Ihnen nur mitteilen: Ich bin der Messias!" „Oh", sage ich, „der ist aber doch schon da für uns als Christinnen und Christen." „Was?", sagt er enttäuscht, „und wer soll das sein?" „Das ist Jesus", sage ich. „Und was bin dann ich?" „Na", sage ich, „Sie könnten sich doch Kind Gottes nennen oder Nachfolger Jesu." „Kind Gottes", sagt er, „das klingt irgendwie gut!" Und legt offensichtlich zufrieden auf.

Kind Gottes sein, das tut gut. Das sagt uns Halt zu. Wenn alles schiefläuft, Gottes Hand hält mich. Manchen klingt das zu elementar. Aber darum geht es doch, machen wir uns nichts vor: Wir haben Sehnsucht nach einer Hand, die uns hält. Nach einem Partner, der nicht untreu ist, nach einer Mutter, die alles verzeiht, nach einem Menschen, der uns im Innersten versteht. Gott ist dieser Mensch. Und dieser Gott.

Unsere Welterfahrung im Licht Gottes

Wir müssen runter vom Gipfel der Gotteserfahrung. Aber wir verlassen den Berg mit Hoffnung im Herzen. Wir sehen Gott und uns und die Welt verwandelt, verklärt, in einem neuen Licht. Wir sehen die Welt durch die Augen des Glaubens, von der Gotteserfahrung her. Warum Leid, warum Angst, warum Krieg? Wie kann

Gott das zulassen? Wir können das Tal nicht einfach verlassen.

Aber: Nur wer sich auf den Berg wagt, kommt aus der Ebene des Alltags heraus. Wir bekommen Abstand zum Blick auf unser Leben, unsere Welt. Die himmlischen Begegnungen nähren unsere Seele für die Talerfahrungen. Sie werfen ein neues Licht auf die Welterfahrung. Wie heißt es in einem der schönen neuen Kirchenlieder: „Da berühren sich Himmel und Erde, dass Frieden werde unter uns."

Gotteskindschaft wird auf der Erde gelebt und im Himmel vollendet. Die Gotteserfahrung verwandelt uns. Aber vor Ostern steht die Passion. Vor Gottes Zukunft steht für uns die Erfahrung der Realität von Welt. Der christliche Glauben entflieht nicht einfach der Welt. Jesus hat selbst den Berg verlassen und das Tal durchschritten. So stehen wir als Gotteskinder in der Welt. Und wir machen die Erfahrung, dass die

Welt oft böse ist. Da gibt es Hunger und Ungerechtigkeit, Diktatoren und Kriegsdrohungen.
Und wir rufen: „Kyrie eleison – Herr, erbarme
dich!" Wir rufen dieses „Kyrie eleison" – doch
unser Leben lassen wir nicht allein davon bestimmen. Wir rufen zu Gott im Himmel und
übernehmen Verantwortung für die Erde.

Vor einiger Zeit war ich in Porto Alegre
beim Weltsozialforum. Mehr als 100 000 Menschen kamen zusammen, um zum Thema „Eine
andere Welt ist möglich" zu diskutieren, nachzudenken, zu tanzen. Wie kann es so viel Hoffnung
geben in einem Land, in dem so viele hungern?
Sind wir vielleicht zu satt in Deutschland, wo so
wenig Zukunftshoffnung ist bei so viel Sätti-
gung? Warum haben wir so wenig Mut zur Veränderung, wo wir doch wahrhaftig alle Freiheit
hätten, für Gerechtigkeit einzutreten? Haben wir
Angst, dass wir für naiv erklärt werden und für
Ewig-Gestrige? Der brasilianische Präsident Lula

hat eine flammende und gleichzeitig sehr schlichte Rede gehalten: Es geht darum, dass kein Kind hungrig zu Bett geht – das war die Botschaft. Ist das nicht ein bisschen pathetisch?

„Es gibt weder große Entdeckungen noch wahren Fortschritt, solange noch ein unglückliches Kind auf der Welt ist", sagte Albert Einstein. Ist das wirklich zu simpel für uns? Jesus hat in jedem Menschen Gottes Kind gesehen. „Herr, erbarme dich", das heißt auch: Gott gibt uns Kraft, unverdrossen für Gerechtigkeit einzutreten, für das Recht auf Bildung, Nahrung, Obdach, Arbeit, Würde jedes Menschen hier und in der ganzen Welt.

Lasst uns brennend lieben und dafür eintreten, dass es kein hungerndes Kind mehr gibt auf dieser Welt. Kyrie Eleison. Christe Eleison.

Gottesdienst in der Marktkirche Hannover,
9. Februar 2003

Evangelisch: kritisch und frei

Johannes 1,29–34

Am nächsten Tag sieht Johannes, dass Jesus zu ihm kommt, und spricht: Siehe, das ist Gottes Lamm, das der Welt Sünde trägt! Dieser ist's, von dem ich gesagt habe: Nach mir kommt ein Mann, der vor mir gewesen ist, denn er war eher als ich. Und ich kannte ihn nicht. Aber damit er Israel offenbart werde, darum bin ich gekommen, zu taufen mit Wasser. Und Johannes bezeugte und sprach: Ich sah, dass der Geist herabfuhr wie eine Taube vom Himmel und blieb auf ihm. Und ich kannte ihn nicht. Aber der mich sandte, zu taufen mit Wasser, der sprach zu mir: Auf wen du siehst den Geist herabfahren und auf ihm bleiben, der ist's, der mit dem Heiligen Geist tauft. Und ich habe es gesehen und bezeugt: Dieser ist Gottes Sohn.

Jesus und Johannes – eine ganz besondere Konstellation. Wie war das Verhältnis der beiden? War das eine Art Männerfreundschaft? Etwas Besonderes muss es schon gewesen sein, denn alle Evangelien berichten von ihrer Verbindung. Lukas berichtet, dass schon die Mütter der beiden sich kannten. Als sie sich in der Schwangerschaft trafen, so erzählt er, hüpfte das Kind im Leib der Mutter Elisabeth. Matthäus und Markus berichten, dass Jesus sich durch Johannes taufen ließ.

Johannes ist der Täufer, das ist sein Markenzeichen auch in diesem Evangelium. Aber nur zwei Kapitel nach unserem Predigttext lesen wir, dass nicht nur Johannes, sondern auch Jesus tauft. Ja, es kommt sogar zu einem Streit unter den Jüngern der beiden. Ein Konkurrenzverhältnis also? Es fällt der berühmte Satz des Johannes: „Er muss wachsen, ich aber muss abnehmen."

Diese Aussage ist für die Beziehung der beiden entscheidend: Johannes verweist auf Jesus: Er ist der Erwählte. Johannes hat erkannt: Jesus ist der Messias. Allein darum geht es. Im Johannesevangelium gibt es keine großen Geburtsgeschichten, keine Jungfrauengeburt, keine Heiligen Drei Könige. Es geht vor allem darum: Dieser ist Gottes Sohn!

Dass Johannes so klar auf Jesus verweist, zeigt menschliche Größe. Wenn er abnehmen muss, macht das ja deutlich, welches Gewicht er hat. Aber nicht er kommt zu Jesus, nein, Jesus kommt zu ihm. Johannes muss eine ungewöhnlich charismatische Figur gewesen sein, einer, den die Menschen bewundern, respektieren. Trotzdem verweist er auf einen anderen. Offenbar weiß Johannes: Ich bin der Mann der zweiten Reihe. Für die Außenstehenden war das offenbar schwer zu begreifen. Aus Johannes aber spricht gerade auf diese Weise eine ungeheure innere Stärke, Selbstbewusstsein im besten Sinne.

Was Johannes tut und sagt, hat als Ziel, was wir kirchlich die „Epiphanie" Jesu nennen. Epiphanias, das Fest, das wir am 6. Januar feiern, bedeutet: Erscheinen. Es wird klar, wer Jesus von Nazareth ist: Gottes Sohn. Johannes hat dies als Erster erkannt. Der Text liest sich fast so, als wäre das für Johannes durchaus überraschend gewesen. Plötzlich ist ihm klar: Jesus ist der, auf den wir gewartet haben. Johannes ist somit der erste Zeuge für die Menschwerdung Gottes, für die heilende Gegenwart Gottes mitten unter den Menschen.

Taube und Lamm

Das Johannesevangelium erzählt also nicht wie Lukas in großen Bildern von der Geburt im Stall. Nicht die Geburtserzählung ist entscheidend, sondern die Gegenwart von Gottes Geist. Johannes sagt, er habe Gottes Geist auf Jesus herabkommen sehen wie eine Taube. Die Taube ist in der Malerei zum Symbol geworden für Taufe und für den Geist Gottes, den Heiligen Geist. Gott ist präsent, Gott ist erkennbar in diesem Jesus aus Nazareth. Indem Johannes der Täufer dies bezeugt, ist seine eigene Aufgabe erfüllt. Taube, Taufe und Epiphanias hängen zusammen.

Wo aber Gottes Geist gegenwärtig ist, da ist Frieden. In seinem Wirken hat Jesus das immer wieder erklärt: Gottes Geist bewirkt Frieden zwischen den Menschen und den Völkern. „Friede sei mit euch", diese Zusage ist wie eine Visitenkarte für Jesus. „Selig sind die Friedfertigen" – das meint: Kind Gottes ist, wer für den Frieden eintritt. Trotz aller Häme gegenüber der angeblichen Naivität solcher Überzeugungen hat das sogar unsere so säkulare Welt begriffen. Donald Rumsfeld, der ehemalige amerikanische Verteidigungsminister, hat ja im Zusammenhang mit dem Irakkrieg etwas abfällig vom „alten Europa" geredet, das keinen Mut hätte, zu den Waffen zu greifen. Einige Zeit danach habe ich ein Plakat gesehen. Es zeigte Europa, über dem eine Friedenstaube schwebt. Darunter stand: „Wir alten Europäer haben einen Vogel. Gott sei Dank!" Das Symbol der Taube ist zum Zeichen für Friedensfähigkeit geworden in einer von Waffen und Kriegen zerrissenen Welt.

Johannes spricht in einem zweiten Bild Jesus als das „Lamm Gottes" an. Damit geht er über den Augenblick weit hinaus. Mit dem Begriff Lamm wird das Opfer assoziiert. Johannes wird selbst einen schweren Weg gehen, das wissen wir aus der Bibel. Er wird von Herodes ins Gefängnis gebracht, weil der seine Kritik an seinem Lebenswandel nicht mehr erträgt, und schließlich geköpft als Konsequenz eines Versprechens an die Tochter der Geliebten. Aber nicht sich selbst sieht Johannes als geopfertes Lamm, nein – er sieht den Weg Jesu voraus. Die Taube ist das Symbol des Anfangs, sie zeigt die Gegenwart Gottes. Das Lamm ist das Zeichen des Endes: geopfert, hingegeben für die Überwindung des Todes. „Christe, du Lamm Gottes…", singen wir in der Abendmahlsliturgie.

Die Taube und das Lamm, die Taufe und das Abendmahl, sie gehören zusammen. Martin Luther hat sie uns als die einzigen beiden Sakramente unserer Kirche erhalten, weil sie beide biblisch bezeugt sind. Wenn wir miteinander Brot und Wein teilen, tun wir das als Getaufte. Mit fließendem Wasser und unter Anrufung von Gottes Geist werden wir Teil der Kinder Gottes. Als Gemeinschaft der Heiligen versammeln wir uns zu seinem Gedächtnis, bis er kommt. So sind auch für uns persönlich Taube und Lamm zentrale Bezugspunkte unseres Glaubens.

Ökumenisch und evangelisch

Unser Text spricht von der Taufe Jesu durch den Geist. Jesus wie Johannes, sie tauften mit Wasser, sie beide erkannten die Gegenwart des Geistes Gottes. Die Taufe ist das entscheidende ökumenische Symbol. Wir bleiben uneins in unserem Kirchenverständnis, wir ringen um das rechte Verständnis des Abendmahls, und auch die Bedeutung der Ämter der Kirche bleibt strittig. Dass wir aber mit der Taufe Menschen in die eine geglaubte Kirche Jesu Christi aufnehmen, ist bei allen Differenzen Konsens in der Weltchristenhcit. Durch die Taufe werden wir Teil der Familie der Kinder Gottes, der Schwestern und Brüder in der Nachfolge Jesu. In der Taufe liegt deshalb eine große Chance zur Überwindung der ökumenischen Spannungen. Die evangelischen Kirchen sehen sich nicht als im 16. Jahrhundert neu entstandene Kirchen, sondern als Erbinnen der Alten Kirche. Sie wissen sich einander besonders verbunden in ihren theologischen Grundüberzeugungen. Und sie stehen weltweit für besondere Grundüberzeugungen:

Freiheit.

Der Gedanke, dass ein Christenmensch niemandem – und gleichzeitig jedermann – untertan ist, prägt die reformatorischen Kirchen. Nicht Papst, nicht Kaiser, nicht Kirche können ein evangelisches Gewissen binden. Gleichzeitig bindet es sich selbst an Verantwortung. Das macht resistent gegen alle Bevormundung und Einschüchterung.

Rechtfertigung allein aus Gnade.

Evangelische bleiben kritisch gegenüber Ablass und Werken, die vor Gott Geltung verschaffen sollen. Damit stehen sie ein für die Würde jedes Menschen, sei er in seinen Fähigkeiten noch so eingeschränkt. Das macht Mut, für die Menschen am Rand der Gesellschaft einzutreten.

Priestertum aller Getauften.

Es ist ein besonderes Kennzeichen unserer evangelischen Kirche, dass nicht nur Ordinierte Verantwortung übernehmen, sondern gleichermaßen Nichtordinierte in der Kirchenleitung. Und dass Frauen wie Männer Ämter übernehmen können. Ich weiß, nicht alle protestantischen Kirchen praktizieren das. Aber es ist für uns klar, dass es keine biblischen und theologischen Gründe gegen die Frauenordination gibt. Das hat sich mittlerweile herumgesprochen. Im Religionenvergleich des „Focus" stand unter „Evangelische Kirche": „Zulassung von Frauen zu allen Ämtern normal". Da war ich stolz auf meine Kirche. Das macht offen für Menschen unterschiedlicher Herkunft und Prägung und schützt vor Uniformität.

Vielfalt der Meinungen.

Das Einzelgewissen hat Verantwortung. Wir sollen von der Bibel her selbst urteilen, auch in Glaubensfragen. Das macht widerständig gegen Vorgefertigtes. Die Bibel und Jesus Christus im Zentrum geben einen festen Ausgangspunkt für die Ermöglichung von Vielfalt.

Zusammenhalten von Glaube und Vernunft.

Dass der Mensch als Christ keinen Denkverboten unterliegt, dass Glaube und Vernunft zusammengehalten werden, macht den Protestantismus offen für den Dialog im 21. Jahrhundert. Ich bin überzeugt, sie wird gebraucht, diese evangelische Stimme, die resistent ist und mutig, die für die Inklusivität und Vielfalt streitet, die widerständig bleibt und diskursfähig.

Mit diesen Grundüberzeugungen sind wir als evangelische Kirchen zukunftsfähig. In einer Welt der verwirrenden Stimmenvielfalt verweisen wir mit aller Klarheit auf Jesus Christus, wie Johannes das tat: Er ist der Erwählte, in ihm finden wir Gott. Alles andere lenkt ab oder führt in die Irre.

Wir Evangelischen wissen uns geeint in der biblischen Verwurzelung, in der Taufe und im Erbe der Reformation. Diese Gemeinschaft darf keine Theorie bleiben. Sie muss sich gegen Armut und Verelendung stemmen in Kirgisien wie in Argentinien, in der Ukraine wie in Estland. Soziale Projekte unserer Kirchen setzen

erkennbare Zeichen der Solidarität in einer Welt
der Egomanie. Sie protestieren gegen die Verelendung der Menschen in einer geldgierigen
Welt. Der reformatorische Widerspruch gegen
Obrigkeitsglauben und Fremdbestimmung ist
auch heute notwendig. Für uns als Evangelische
ist Globalisierung kein ökonomisches Schicksal,
sondern eine Ermutigung zur Solidarität über
Grenzen hinweg. Nicht Bereicherung und Markt
bestimmen unsere Sicht der Welt, sondern die
Welt als Schöpfung Gottes, in der wir füreinan-
der einstehen.

Wir halten die Gewissheit wach: Wir sind
Kinder Gottes, Teil einer Familie der Getauften.
Wir stehen mit anderen Kirchen gemeinsam in
der Nachfolge des Mannes, den Johannes zuerst
als den Sohn Gottes erkannte.

Predigt im Gottesdienst anlässlich des 175-jährigen Bestehens
des Gustav-Adolf-Werkes, Marktkirche Hannover, 7. Januar 2007

Es gibt Licht
in der Finsternis

2. Korinther 4,6–10

Denn Gott, der sprach: Licht soll aus der Finsternis hervorleuchten, der hat einen hellen Schein in unsre Herzen gegeben, dass durch uns entstünde die Erleuchtung zur Erkenntnis der Herrlichkeit Gottes in dem Angesicht Jesu Christi. Wir haben aber diesen Schatz in irdenen Gefäßen, damit die überschwängliche Kraft von Gott sei und nicht von uns. Wir sind von allen Seiten bedrängt, aber wir ängstigen

uns nicht. Uns ist bange, aber wir verza-
gen nicht. Wir leiden Verfolgung, aber wir
werden nicht verlassen. Wir werden unter-
drückt, aber wir kommen nicht um. Wir
tragen allezeit das Sterben Jesu an un-
serm Leibe, damit auch das Leben Jesu an
unserm Leibe offenbar werde.

Diese Verse zitierte Helmuth James von Moltke in einem Brief am 10. Januar 1945 an Sie, liebe Freya von Moltke. Es ist ein sehr persönlicher Brief. Wir dürfen dankbar sein, dass Sie ihn andere mitlesen lassen. Denn selten habe ich einen Text gelesen, der von solcher Glaubenszuversicht zeugt. Von einer tiefen Gotteserfahrung geprägt, reflektiert der erst 37-jährige Moltke seinen bevorstehenden Tod. Er weiß: Am nächsten Tag wird er zum Tode verurteilt werden. Das Sterben ist nahe. In dieser Situation spricht er mit einer bewegenden Zuversicht davon, wie er sich gehalten weiß von Gott, dem er sich anvertraut hat – Gottvertrauen, das auch mit über 60 Jahren Abstand klingt und berührt.

„Von allen Seiten bedrängt und geängstet": Ja, so haben Sie es erfahren. Wie demütigend die Auseinandersetzungen vor dem Volksgerichtshof waren, kann nachempfinden, wer einmal die Filme gesehen hat, wie sie dort stehen, die Angeklagten, und Richter Roland Freisler geifernd auf sie einbrüllt. Aber Helmuth James von Moltke blickt dankbar auf diese Tage zurück und sagt: „Wie gnädig ist der Herr mit mir gewesen! Selbst auf die Gefahr hin, dass das hysterisch klingt: ich bin so voll Dank, eigentlich ist für nichts anderes Platz. Er hat mich die zwei Tage so fest und klar geführt: der ganze Saal hätte brüllen können, wie der Herr Freisler, und sämtliche Wände hätten wackeln können, und es hätte mir gar nichts gemacht…"

Können wir das nachvollziehen? Eine solche Glaubenskraft! Dietrich Bonhoeffer, der ebenfalls von den Nazis ermordet wurde, hat einmal gesagt, Gott gebe uns solche Kraft nicht im Voraus, damit wir nicht hochmütig werden und uns nicht auf uns selbst verlassen, sondern ganz und gar auf ihn. Wir haben den Schatz nur in irdenen Gefäßen!

Als Bischöfin erreichen mich oft Briefe von Menschen, die mir erklären, sie könnten nicht an Gott glauben angesichts des Leids in dieser Welt oder sie könnten nicht mehr an Gott glauben, weil ihnen Schweres zugestoßen sei. Ihren Schmerz und den Zweifel kann ich nachempfinden, auch die Empörung über das eigene Leid. Eine solche Haltung aber macht Gott zu einem Automaten, zu dem ich bete und Gutes kommt für mich heraus. Dann wird Glaube doch zur Berechnung: Wenn ich fromm bin, läuft es gut im Leben. Genau dagegen hat Martin Luther rebelliert: Nichts, was ich tue, verschafft mir Vorteile vor Gott. Gott sagt zuallererst Ja zu mir, ohne Vorbedingung. Gott gibt meinem Leben Sinn und hält mich. Weil ich das weiß, habe ich die Freiheit, in der Welt zu leben und zu handeln.

Die Erfahrung des christlichen Glaubens ist immer wieder: Ich darf mich von Gott gehalten wissen gerade in den schweren Tagen des Lebens. Gott kann das Leiden der Welt nicht verhindern; wo Licht geschaffen ist, gibt es auch Dunkel, wo Leben existiert, gibt es in dieser Welt auch die Wirklichkeit des Todes. Aber wir glauben: Gott wird mir im Leiden die Kraft schenken, die ich zum Leben brauche. Gott kennt Leiden: Diese Überzeugung unterscheidet unseren Glauben von anderen. Gott hat selbst gelitten am Kreuz und den Tod erfahren. Gerade deshalb können wir uns Gott anvertrauen, wenn es in unserem Leben die Erfahrung von Leiden und Tod gibt.

Die Passionszeit, in der wir stehen, ist daher für uns von zentraler Bedeutung. Wir gehen auf Ostern zu, auf diesen freudigen Ruf: „Er ist auferstanden, er ist wahrhaftig auferstanden!" Aber vor diesem Ruf kommt die Erinnerung an das Leiden, den Kreuzweg, den Tod. Nicht die Geburt des Kindes ist das höchste Fest der Christenheit, sondern die Überwindung des Todes. Sie ist ohne Leid und Sterben nicht zu haben. Es geht um eine elementare Lebenszusage. Davon können wir etwas ausstrahlen mitten in der Spaßgesellschaft. Ich muss mich nicht ständig ablenken, wenn ich weiß, wo ich stehe. Ich habe Wurzeln. Mein Leben macht Sinn, weil Gott sich etwas dabei gedacht hat! Aus dieser Lebenshaltung heraus kann ich Verantwortung übernehmen im Leben und in der Gesellschaft.

Als wir im vergangenen Oktober mit der Freya-von-Moltke-Stiftung in Kreisau waren, hat mich das Berghaus besonders fasziniert. In diesem Haus kamen Menschen ganz unterschiedlicher Prägung zum Diskutieren zusammen – freie Geister! Da ging es um einen viel tieferen Freiheitsbegriff als den heutigen, der oft in Banalität versinkt: Freiheit zu tun, was ich will. Nein, Freiheit zur Verantwortung, Freiheit zur Bindung waren die Themen. Oder, mit Luther gesagt: Es ging ihnen um die Freiheit, niemandem und gleichzeitig jedermann untertan zu sein.

Mir ist besonders wichtig, dass in Kreisau nicht nur Widerstand gegen die Nazidiktatur Thema war, sondern auch die Vision von einem neuen Europa, das Miteinander von Arbeitern und Intellektuellen und Völkerverständigung. Wir sprechen also über ein europäisches Erbe! Das tut Europa gut, weil es notwendig ist, dass Europa nicht nur eine politische, wirtschaftliche oder gar bürokratische Einheit darstellt, sondern wahrhaftig eine Seele hat. Es muss doch um ein gewolltes Miteinander der Menschen gehen! Ich bin überzeugt, dass hierzu das jüdisch-christliche Erbe eine gute Basis bildet und wünsche mir, dass dies in der Verfassungspräambel der Europäischen Union auch so formuliert wird.

Helmuth James von Moltke schrieb in dem erwähnten Brief an seine Frau, dass es im Prozess vor dem Volksgerichtshof nicht etwa um Organisationsfragen ging, „nicht etwa Reichsaufbau – das alles ist im Laufe der Verhandlung weggefallen, … besprochen wurden Fragen der praktisch-ethischen Forderungen des Christentums. Nichts weiter: Dafür allein werden wir verurteilt. Freisler sagte zu mir in einer seiner Tiraden: Nur in einem sind wir und das Christentum gleich: Wir fordern den ganzen Menschen."

Wie brutal ist er untergegangen, der Nationalsozialismus, wie viele Menschen hat er in den Tod gerissen! Wie distanziert können wir ihn heute als Irrsinn anschauen! Ja, ich weiß, es gibt die NPD und Versuche von Verherrlichung. Aber das mutet derartig ewiggestrig an! Ja, ich weiß, wir müssen dem neuen Antisemitismus wehren! Aber den ganzen Menschen ... nein, für solche verqueren Ideologien würde sich doch heute nur jemand opfern, der keinerlei Orientierung hat, völlig verzweifelt ist. Was aus der Geschichte bleibt, ist die Hochachtung vor denen, die nicht verführbar waren, sondern den Mut hatten, zu widerstehen. Die mitten in der Finsternis standen und doch das helle Licht der Hoffnung gesehen haben. Menschen mit Visionen, mit Halt. Sie haben Wurzeln. Sie wissen, wo sie stehen. Aber sie haben eben auch Flügel, um mit Goethe zu sprechen. Solche Menschen braucht Europa auch heute, die mutig nach vorn denken wie der Kreisauer Kreis. Die Finsternis hat sie aber über all diese Jahre nicht entmutigt. Ihr Glaube gab ihnen die innere Stärke, zu widerstehen. Wie können wir heute dafür Sorge tragen, dass wir, aber auch eine nachfolgende Generation solche Kraft hat? Lassen Sie mich vier Punkte nennen.

Zunächst: Es ist entscheidend, Worte anderer zu kennen, wo es uns die Sprache verschlägt. Eine Sprache der Hoffnung, die über unsere Zeit und Welt hinausweist. Solche Worte, die Menschen seit Jahrtausenden tragen, kennt die Bibel. Was für ein Trauerspiel, dass im Land der Reformation so viele Menschen diese Worte nicht mehr kennen. Wir dürfen die Kette des Erzählens vom Glauben nicht abreißen lassen. Menschen brauchen eine Grundration an Glaubenstexten, damals wie heute.

Als Zweites: „Ich fühle mich gar nicht ‚jenseitig‘", schreibt Moltke, „denn der ist zum Sterben fertig, der sich lebend zu dir hält." Wenn wir die derzeitigen Debatten über aktive Sterbehilfe und effektives Sterben sehen, die Ausgrenzung von Sterbenden, dann ist dieser Satz eine Ermutigung, dem Tod ins Gesicht zu sehen. Bei Helmuth James von Moltke war es ein brutaler, erzwungener und vorzeitiger Tod. Aber er macht auch Mut, vom Tod überhaupt zu sprechen. Geängstet, und doch voller Hoffnung. Licht in der Finsternis. Eine Zukunftshoffnung, die über diese Zeit und Welt hinausgeht. Davon haben wir zu reden, damals wie heute.

Drittens: Wenn heute zwischen Polen und Deutschen neue Spannungen auftauchen, der Geist von Revanchismus und Geschichtsklitterung Oberhand zu gewinnen scheint, dann steht der Kreisauer Kreis dagegen. Dort ging es um eine Vision von einem neuen Miteinander. Helmuth James von Moltke hoffte sogar, seine Frau könnte mit den beiden Söhnen unter sowjetischer Herrschaft dort leben! Die Vision von einem Miteinander in Europa müssen wir wachhalten, das ist ein relevantes Erbe von Kreisau!

Wir dürfen uns freuen über eine Gemeinschaft zwischen Polen und Deutschen, die um die Geschichte weiß, aber versöhnt und frei Zukunft gestaltet.

Und schließlich geht es um die Verantwortung des Einzelgewissens. Das ist in unserer Zeit so notwendig wie damals. Wie können wir mit dem Hunger in der Welt leben? Wie können wir die Klimakatastrophe zur Schlagzeile erstarren lassen? In der Finsternis braucht es das Licht der Hoffnung. Sie kann nur genährt werden von Menschen, die bereit sind, aus ihrem Glauben heraus sich und ihr Leben einzusetzen, damals wie heute. Die Schergen des Untergangs sind verachtet oder vergessen. Die damals so schmählich Verurteilten sind die Hoffnungsträger bis heute.

Die Erinnerung birgt Hoffnung. Aber sie ist auch Auftrag. Licht soll hervorleuchten, auch heute. Wir sind verantwortlich, dass dieses Licht erkennbar wird für viele. Auch wenn wir bedrängt sind, auch wenn wir unser Leben gern bewahren würden oder uns zumindest gern einkuscheln würden in bequeme Verhältnisse: Widerstand ist notwendig, damals wie heute, ein Eintreten für das Leben ist gefragt. Nur wer das akzeptiert, wird dem Erbe gerecht, das so aufrechte Christen wie Helmuth James von Moltke uns hinterlassen haben. Ja, dieses Erbe macht Mut. Wir dürfen uns in Dankbarkeit erinnern und wissen: Es gibt Licht in der Finsternis.

Predigt im Gottesdienst zum 100. Geburtstag von
Helmuth James von Moltke, Französische Friedrichstadtkirche
Berlin, 11. März 2007

Verwundet,
aber geheilt

Johannes 20,24–29

Thomas aber, der Zwilling genannt wird,
einer der Zwölf, war nicht bei ihnen, als
Jesus kam. Da sagten die andern Jünger zu
ihm: Wir haben den Herrn gesehen. Er
aber sprach zu ihnen: Wenn ich nicht in
seinen Händen die Nägelmale sehe und
meinen Finger in die Nägelmale lege und
meine Hand in seine Seite lege, kann ich's
nicht glauben. Und nach acht Tagen wa-

ren seine Jünger abermals drinnen ver-
sammelt und Thomas war bei ihnen.
Kommt Jesus, als die Türen verschlossen
waren, und tritt mitten unter sie und
spricht: Friede sei mit euch! Danach
spricht er zu Thomas: Reiche deinen Fin-
ger her und sieh meine Hände, und reiche
deine Hand her und lege sie in meine Sei-
te, und sei nicht ungläubig, sondern gläu-
big! Thomas antwortete und sprach zu
ihm: Mein Herr und mein Gott! Spricht Je-
sus zu ihm: Weil du mich gesehen hast,
Thomas, darum glaubst du. Selig sind, die
nicht sehen und doch glauben!

Da sitzen die Jünger nun hinter verschlossenen Türen. Was mich freut: Sie sind nach Jesu
Auferstehung nicht auseinandergestoben in ihrer Angst und Verwirrung. Mir ist das bis heute
wichtig: Selbst da, wo wir nicht weiterwissen

als Kirche, als Christenheit, bleibt unsere Religion eine Gemeinschaftsreligion von Anfang an. Mit all unseren Mängeln, mit all unseren Fragen, mit all unseren Sorgen um die Zukunft der Kirche bleiben wir doch zusammen, suchen gemeinsame Wege. Vielen passt das heute nicht. Sie treten aus der Kirche aus, weil sie sich hier über einen Pastor, da über die Kirchensteuer, hier über eine Friedhofsregelung, dort über das Verhalten der Superintendentin ärgern. Mir tut das weh. So sehr ich Verärgerung verstehe, ja auch sehe, dass es Fehler gibt – oh ja! Aber wir dürfen diesen Grundgedanken der Gemeinschaft nicht aufgeben. Er ist eine echte Zeitansage in einer Gesellschaft, die immer mehr vereinzelt. Solche Gemeinschaft aller Christinnen und Christen feiern wir im Abendmahl, vollgültig auch hier und heute in unserer lutherischen Kirche, was immer die römische Sicht der Dinge sein mag.

Die Jünger hinter den verschlossenen Türen haben Angst, dass ihre Option falsch war. Haben sie auf den Falschen gesetzt, sich völlig geirrt? Was wäre das für eine Blamage! Mich erinnert dieses Verhalten in diesen Tagen ein wenig an die Friedensdemonstranten zum Irakkrieg. Vielen drängt sich der Zweifel auf: „War es nicht doch gut, den Krieg als Fortsetzung der Politik mit anderen Mitteln zu betreiben? Waren die friedenswilligen Demonstrierenden naiv? Die Bilder von jubelnden Irakern, die sich von einem brutalen Diktator befreit wissen – setzen sie nicht den Krieg ebenso ins Recht wie damals die Befreiung von Auschwitz? Am Ende helfen nur Waffen, so ist das eben!"

Und Vorwürfe sind jetzt zu hören: Die Friedensbewegung habe nicht früh genug gegen den Diktator Hussein demonstriert. „Danke, Mr. Bush" – das wird jetzt geradezu hämisch denen entgegengeschleudert, die für den Frieden auf die Straße gegangen sind.

Eines allerdings müssen sich alle gemeinsam fragen: Warum ignorieren wir immer wieder das Unrecht? Kaum jemand schaut beispielsweise nach Pakistan, auf die Überfälle auf christliche Gemeinden dort. Der grauenvolle Bürgerkrieg im Sudan ist keine Schlagzeile wert. Wer setzt sich ein für den Frieden in Myanmar, Nepal, Georgien, Burundi und Sierra Leone? Wer registriert, dass Kinder in Zentralafrika T-Shirts mit der Aufschrift tragen „I love Osama Bin Laden"? Das muss uns doch beunruhigen!

Mehr als fünfzig bewaffnete Konflikte toben in der Welt, vergessene Kriege, fernab vom Auge der Weltöffentlichkeit. Was bringt Nationen dazu, immer wieder Waffen zu produzieren, neue Waffen zu erfinden? Warum sind Waffenexporte kein größeres Thema in den Medien?

Oder sind diese Fragen jetzt unglaubwürdig, weil die Waffen ja „gesiegt" haben?

Das sind Fragen, die mich umtreiben: Wo ist die internationale Politik mit Blick auf Simbabwe, Algerien oder Kuba? Wollen wir überhaupt eine Weltinnenpolitik? Oder ist es zu unbequem, ungerechte Strukturen, wo immer sie sich finden, zu thematisieren? Es darf ja kaum mehr gesagt werden, aber: Lebten alle Menschen wie Amerikaner und Westeuropäer, der Planet Erde würde kollabieren! Heute muss sich, wer all das fragt, allerdings mit dem Vorwurf des Antiamerikanismus konfrontiert sehen.

Von Ostern ruft der Auferstandene: „Friede sei mit euch!" Die Friedensbotschaft des Evangeliums ist oft überschattet worden durch Versuche, Kriege theologisch zu legitimieren, Kriterien zu finden für den „gerechten Krieg". Gewiss, es muss eine Delegation des eigenen Gewaltpotenzials an eine Ordnungsmacht geben, die über

Verabredungen wacht und einfordert, dass die Regeln des Zusammenlebens eingehalten werden. Eine solche Polizeifunktion kann aber auf Weltebene kein einzelner Staat, sondern allein die UNO wahrnehmen. Der Krieg als Mittel der Politik sollte endlich geächtet werden, von Christinnen und Christen zumal.

Wir können freilich sehr wohl auch dann schuldig werden, wenn wir den Krieg ablehnen. Denn Menschen lassen sich immer wieder verführen zum Bösen, zum Missbrauch ihrer Macht. Mit Jesus aber kann in Sachen Krieg wahrhaftig nicht argumentiert werden. Ohnehin sollte, wer in den Krieg zieht, Gott besser nicht im Munde führen. Es ist gut und richtig, Religion und Politik auseinanderzuhalten. In der Nachfolge Jesu gilt: „Lass dich nicht vom Bösen überwinden, sondern überwinde das Böse durch das Gute" (Römer 12,21). Da muss die Schmähung ertragen werden, das sei naiv wie die ganze Bergpre-

digt und rechne nicht mit Diktatoren und mit
realer Politik. Vielleicht kann in diesen Auseinandersetzungen nur trösten, dass Christinnen
und Christen die Hoffnung wachhalten: Ein
friedliches Zusammenleben der Völker und Rassen ist möglich!

Gott nimmt uns seit Ostern hinein in die
eigene Geschichte mit den Menschen. Da geht
es nicht um eine auserwählte Nation, ein Volk,
die Vorherrschaft eines Imperiums, sondern um
die Menschen insgesamt. Allenfalls Israel
könnte sich „God's own country" nennen, und
damit wäre wohl kaum der heutige Staat Israel
gemeint. Der Auferstandene sendet uns in die
ganze Welt, über Grenzen hinweg, wie damals.
Da helfen auch verschlossene Türen nichts, hinter denen wir uns bis heute so gern verschanzen. Wir alle sind Haushalterinnen und Haus-
halter, die rechenschaftspflichtig sind für das
eigene Leben, das eigene Tun.

Wer die Welt von Ostern her ansieht, braucht den Tod nicht panisch zu fürchten, sondern kann ihn annehmen als Teil des Lebens und tritt gleichzeitig an gegen den Tod. Gott ermutigt uns so, dass wir dem Tod ins Gesicht sehen können. Seit Ostern müssen wir uns nicht hinter verschlossenen Türen verschanzen, sondern können aufstehen gegen Hunger und Unrecht und Krieg, gegen sinnloses Sterben auf den Schlachtfeldern und in den vergessenen Elendsvierteln. Gott will Leben in seiner Fülle. Deshalb können wir Ostern feiern und das Leben genießen als Geschenk Gottes. Wir sollten Ostern nicht verkommen lassen zu einem sinnentleerten Frühlingsanfangsfest mit Häschenkitsch.

Die Botschaft

Jesus tritt mitten unter die Jünger und sagt zweimal: „Friede sei mit euch." Er sendet die

Jünger, ermutigt sie: Mein Heiliger Geist wird euch begleiten, ihr seid nicht völlig verlassen zurückgeblieben. Mir ist wichtig: Jesus kommt nicht mit einem Vorwurf: „Warum habt ihr mir nicht vertraut, warum verleugnet ihr mich?", sondern mit jener Zuwendung, die sein Leben geprägt hat. Er sieht die Angst und sagt: „Friede sei mit euch." Das tut gut. Da fühlst du dich angenommen. Wir können mit unserer Angst vor dem eigenen Scheitern zu Gott kommen. Wir können mit uns selbst und mit Gott unseren Frieden finden. „Ich weiß nicht, ob ich richtig gehandelt habe." Oder auch: „Ich bin mir sehr bewusst: das war ein Fehler." – „Ich bin meiner Frau nicht gerecht geworden." – „Den Vater habe ich nicht gepflegt." – „Immer wieder versage ich mit Blick auf die Kinder." Nein, keine Vorwürfe, nicht Gesetz: „Das alles ist falsch!", sondern Evangelium: „Friede sei mit euch! Nun findet doch erst einmal euren Frieden mit euch selbst. Nehmt euch an, wie ihr seid, mit allen Mängeln. Ich jedenfalls kann euch so ansehen. Und dann wagt einen Neuanfang. Geht hin und fühlt euch ermutigt, es besser zu machen."

Ja, wir sind Gesandte Gottes. Der Auferstandene sendet diese klägliche Truppe von Jüngerinnen und Jüngern als seine Botschafter in die Welt. Wirklich gut inszeniert ist es nicht, abseits in einem Winkel Palästinas so eine Geschichte zu beginnen. Kein CNN weit und breit! Falsche Weltgegend, falsche Weltzeit und auch noch falsche Uhrzeit – heute jedenfalls wird so etwas genau bedacht, wenn die Welt Nachrichten wahrnehmen soll. Und auch keine echten Helden sehen wir am Anfang der Geschichte des Christentums, sondern eher kümmerliche Gestalten. Keine Waffen, keine Chefdiplomaten, kein Konzept, kein strategisches Vorgehen...

Doch, Jesus sendet sie und uns. Er verspricht ihnen und uns die Begleitung durch Gottes Geist. Und sehen wir uns die Geschichte an: Oft haben die versagt, die Jesus da nachfolgen, angefangen bei Petrus, der ihn verleugnet. Allzu oft haben sie sich nicht an das gehalten, was er ihnen hinterlassen hat, etwa wenn sie Waffen gesegnet haben. Und immer wieder haben sich deshalb Menschen enttäuscht vom Projekt Evangelium abgewendet.

Aber vieles haben sie auch erreicht. Die Botschaft des „Friede sei mit euch", die Nachricht von Gottes Zuwendung zu den Menschen ist in der ganzen Welt bekannt. Sie hat Menschen inspiriert, gegen Rassismus aufzustehen und für ein gleichberechtigtes Miteinander der Rassen. Diese Botschaft hat Menschen überzeugt, dass Frauen und Männer gleichermaßen Gottes Kinder sind. Sie bringt Menschen dazu, Flüchtlinge aufzunehmen, für Prostituierte einzutreten, Obdachlose zu beherbergen, Gefangene zu besuchen. Wo immer das geschieht, da spüren wir

Gottes Geist, da begegnen wir dem Auferstandenen selbst, da stehen wir auf gegen den Tod und die Zerstörung als Gesandte Gottes.

Die Wunden

Jesus zeigt seine Wunden. Jesus spricht zu Thomas: „Reiche deinen Finger her und sieh meine Hände, und reiche deine Hand her und lege sie in meine Seite und sei nicht ungläubig, sondern gläubig." Die Wunden sind nicht geheilt, das ist mir zum ersten Mal an diesem Text aufgefallen. Und doch ist er unser Heiland.

Wenn etwas heil werden soll, dann müssen da ja auch Verwundungen sein. Immer und überall geht es um die Heilung unserer Wunden, unserer Verletzungen, unserer Brüche im Leben.

Gott selbst ist verwundet durch die Zerstörung, die Menschen anrichten, durch das, was sie einander antun. Ich denke an die kleinen

Wunden: an die junge Frau, die herabgesetzt wird, weil sie nicht so aussieht wie die anderen. Das böse Wort, das so verletzt und uns einfach nicht aus dem Kopf geht. Mein Vertrauen, das so bitter missbraucht wurde. Kann das in der christlichen Gemeinschaft heil werden?

Oder die entsetzlichen großen Verletzungen nicht nur in fernen Ländern, nein, ganz nah! Ein junger Mann, der in seiner Schule 16 Menschen erschießt. Zwei Männer, die einen Elfjährigen erwürgen und seine neunjährige Schwester mehrfach vergewaltigen, bevor sie auch sie ermorden. Ein Student, der aus Habgier einen elfjährigen Jungen erstickt. Wunden der Menschheit, ja und wohl auch Wunden Gottes. Was heißt da heilen oder heil werden? Können solche Wunden überhaupt heilen?

Zuallererst ist angesichts solcher Verletzungen wohl Schweigen angesagt. Solches Entsetzen kann nicht in Worte gefasst werden, sie müssen banal klingen. Aber es gibt den Schrei, den Schrei der Klage aus Psalm 22, den Jesus am Kreuz ruft: „Mein Gott, mein Gott, warum hast du mich verlassen?" Bis heute dieser Schrei: „Wo warst du, Gott?" Diese Klage: „Wie kann Gott das zulassen?" Dieses Schweigen, diese Klage, solches Schreien, diese Stunden zwischen Karfreitag und Ostersonntag, sie haben ihr Recht.

Jesus geht offensichtlich mit den Narben in Gottes Reich. Er zeigt Thomas keinen makellosen unverwundeten Körper. Aber er hat aus dem Schrei der Gottverlassenheit zurückgefunden zum Gottvertrauen. Das ist kein schneller Weg. Das ist ein Weg über Kreuz und Tod.

Jesus Christus weist eine Deutung von Leid und Bösem als Strafe deutlich zurück. In ihm offenbart sich Gott ein für alle Mal als ein liebender Gott, der in Jesus Christus bedingungslos Menschen neue Gemeinschaft eröffnet. Er tut dies unter Verzicht auf alle menschliche

Macht und Gewalt. Das können wir immer wieder schwer verstehen. Was für eine Provokation: Gott, der als Neugeborenes zur Welt kommt. Gott, der qualvoll am Kreuz stirbt! Muss Gott nicht der Ramboheld sein, der alle besiegt? Oder einer ohne alle Gefühle, der über allem steht? Können wir an einen ohnmächtigen Gott glauben – oder ist das nicht geradezu lächerlich?

Die Geschichte von Jesus Christus fordert uns dazu heraus, die Allmacht und die Ohnmacht Gottes zusammen zu denken. Dietrich Bonhoeffer schreibt: „Gott lässt sich aus der Welt hinaus drängen ans Kreuz, Gott ist ohnmächtig und schwach in der Welt und nur so ist er bei uns und hilft uns."[1] Und die Auferstehung sagt: Gott will das Leiden schon in dieser Welt überwinden mit der Macht der Liebe allein. Die Liebe ist verletzlich, verwundbar, aber sie ist auch stärker als der Tod! Von dieser Verheißung auf Gottes neue Welt leben wir.

Diesem so offenbar gewordenen Gott dürfen wir vertrauen, an ihn glauben und uns ihm mit all unseren Verwundungen und Verletzungen anvertrauen. Dies hat Jesus Christus verkündigt, dafür hat er gelebt und ist er gestorben, und darin ist er in der Auferstehung ins Recht gesetzt worden. An diesen Gott halten wir uns, das ist unser Heiland.

Martin Luther hat an der Rede vom Verborgensein Gottes immer festgehalten, um diese Erfahrung des Fremdwerdens Gottes zur Sprache zu bringen und dennoch an dem Glauben festzuhalten, dass alles in Gottes Hand ist. Luther warnt davor, den „deus absconditus" ergründen und deuten und sich so Gottes bemächtigen zu wollen.

Es geht um das Vertrauen Jesu: „Vater, ich befehle meinen Geist in deine Hände", das Lukas bezeugt. Dieses Vertrauen gewinnen die Jünger zurück, als Jesus die verschlossenen Türen durchbricht. Dieses Vertrauen ermöglicht Gottes Geist, den er ihnen zusagt, den wir spüren können, wenn wir uns öffnen. In diesem Vertrauen können Wunden heilen, auch wenn Narben bleiben. In diesem Vertrauen gehen wir mitten in einer verwirrten Welt unbeirrt den Weg erneut von Ostern nach Pfingsten. Wir gehen als eine Gemeinschaft der Hoffnung, die glaubt, dass die Liebe Gottes stärker ist als Hass, Gewalt, Grauen und Tod.

Predigt am Sonntag Quasimodogeniti in der Marktkirche Hannover, 27. April 2003

[1] Dietrich Bonhoeffer, Widerstand und Ergebung, Brief vom 16. Juli 1944.

Barmherzig sein – mit sich selbst und anderen

Lukas 10,25–37

Im Heiligabendgottesdienst letzten Jahres saß ein kleiner Jungen neben mir, vielleicht zehn Jahre alt. Als die Lektorin begann: „Es begab sich aber zu der Zeit", stöhnte er laut und sagte: „O Mann, die Story kenn ich schon!" Ich habe gelacht und gesagt: „Die wirst du immer wieder hören in deinem Leben. Und du wirst dich daran erinnern, was sie dir bedeutet hat in bestimmten Jahren, mit wem du sie gehört hast.

Und du wirst sie neu und anders hören, weil du dich veränderst und die Welt sich verändert." Ein wenig geht es mir so mit dem Gleichnis vom barmherzigen Samariter.

Und siehe, da stand ein Schriftgelehrter auf, versuchte ihn und sprach: Meister, was muss ich tun, dass ich das ewige Leben ererbe? Er aber sprach zu ihm: Was steht im Gesetz geschrieben? Was liest du? Er antwortete und sprach: „Du sollst den Herrn, deinen Gott, lieben von ganzem Herzen, von ganzer Seele, von allen Kräften und von ganzem Gemüt, und deinen Nächsten wie dich selbst" (5. Mose 6,5; 3. Mose 19,18). Er aber sprach zu ihm: Du hast recht geantwortet; tu das, so wirst du leben. Er aber wollte sich selbst rechtfertigen und sprach zu Jesus: Wer ist denn mein Nächster? Da antwortete Jesus und sprach:

Es war ein Mensch, der ging von Jerusalem hinab nach Jericho und fiel unter die Räuber; die zogen ihn aus und schlugen ihn und machten sich davon und ließen ihn halbtot liegen.

Es traf sich aber, dass ein Priester dieselbe Straße hinabzog; und als er ihn sah, ging er vorüber. Desgleichen auch ein Levit: Als er zu der Stelle kam und ihn sah, ging er vorüber.

Ein Samariter aber, der auf der Reise war, kam dahin; und als er ihn sah, jammerte er ihn; und er ging zu ihm, goss Öl und Wein auf seine Wunden und verband sie ihm, hob ihn auf sein Tier und brachte ihn in eine Herberge und pflegte ihn. Am nächsten Tag zog er zwei Silbergroschen heraus, gab sie dem Wirt und sprach: Pflege ihn; und wenn du mehr ausgibst, will ich dir's bezahlen, wenn ich wiederkomme.

Wer von diesen dreien, meinst du, ist der Nächste gewesen dem, der unter die Räuber gefallen war? Er sprach: Der die Barmherzigkeit an ihm tat. Da sprach Jesus zu ihm: So geh hin und tu desgleichen!

Ein Lehrgespräch

Jesus führt ein Lehrgespräch mit einem jüdischen Schriftgelehrten. Der fragt nach dem unvergänglichen Leben. Jesus ist sich mit ihm in zentralen Fragen des Glaubens ganz einig. Beide suchen nach Gottesnähe und für beide steht das Doppelgebot der Liebe im Zentrum der Ethik, die sich aus der biblischen Botschaft ableitet. Man soll Gott aus ganzem Herzen lieben und den Nächsten wie sich selbst. Jesus bestätigt das: „Tu das und du wirst leben!"

In diesem innerjüdischen Lehrgespräch wird uns noch einmal bestätigt, dass das Nächs-

tenliebegebot eben nicht eine christliche Erfin-
dung ist, sondern aus der jüdischen Tradition
in den christlichen Kontext eingewandert ist.
Im dritten Buch Mose, Levitikus 19,18, wird be-
tont: „Du sollst deinen Nächsten lieben wie
dich selbst; ich bin der Herr." Und im fünften
Buch Mose, Deuteronomium 6,5, heißt es: „Du
sollst den Herrn, deinen Gott, lieb haben von
ganzem Herzen, von ganzer Seele und mit all
deiner Kraft."

Das heißt, Jesus als Jude zieht im Gespräch
mit dem Schriftgelehrten diese beiden Gebote
zusammen zum Doppelgebot der Liebe. Es sind
und bleiben alttestamentliche Gebote, Gebote
der Thora, die im dritten Buch Mose noch verstärkt werden durch das Gebot der Liebe zu den
Fremden. Die sollst du „lieben wie dich selbst;
denn ihr seid auch Fremdlinge gewesen in Ägyp-
ten" (Levitikus 19,34).

Mir ist dabei zweierlei wichtig: Barmherzigkeit, wie sie Jesus gleich anschließend im Gleichnis entfalten wird, ist keine herablassende Haltung. Andere lieben und mich selbst lieben, Gott lieben und offen sein für andere, Zuspruch Gottes und Anspruch an mein Leben – das sind nicht völlig verschiedene Lebensbereiche, sondern das ist eine Lebenshaltung. In der Kirche trennen wir sie oft in Einzelteile. Dann „kümmern" wir uns um die „Armen, Mühseligen und Beladenen", für die die Diakonie zuständig ist. Wenn wir aber Jesus ernst nehmen, sind die Mühseligen und Beladenen nicht nur Objekte unserer Barmherzigkeit, sondern auch Subjekte theologischen Denkens.

Wissen die Armen bei uns von Gott? Eröffnen wir ihnen einen Zugang zum Glauben, zum Gottesdienst? Diese Frage muss uns doch auch heute seltsam berühren. Studien zeigen, dass sich das Christentum in Deutschland auf die Mi-

lieus der Gebildeten konzentriert, die gut situ-
ierten Bürgerlichen am ehesten Kirchgänge-
rinnen und Kirchgänger sind. Und das sei gleich
gesagt: Wir brauchen sie, die Starken, um als
Kirche leisten zu können, was wir leisten. 20
Prozent unserer Mitglieder geben uns mehr als
80 Prozent unseres Einkommens, das wiederum
besonders den Schwächeren zugutekommt, Kindern, Alten, Behinderten.

Die Frage bleibt: Sehen wir die Armen im
Lande, die Überschuldeten, die Obdachlosen,
die Hartz-IV-Empfänger, die Alleinerziehenden
als Subjekte des Glaubens oder als Objekte unserer Betreuung? Allzu oft gibt es allein einen
diakonischen Zugang zu all den Mühseligen
und Beladenen und nicht einen, der sie ernst
nimmt als Teil unserer Gemeinde, als diejenigen, die hören und begreifen, was das Evangelium bedeutet. Mich bedrückt, wenn Glaube zum
reflektierten intellektuellen Erbe wird und nicht

zum Evangelium, das die Armen selbst als frohe Botschaft wahrnehmen.

In den Ländern des Südens sind es die Armen, die die Kirchen füllen, die letzten Fische und Brote miteinander teilen, sich freuen an der Gemeinschaft und an der Lebenszusage Gottes. Schon die ersten Jüngerinnen und Jünger waren ja nicht eine Elitetruppe, sondern Frauen und Männer am Rande der Gesellschaft, von den Hirten auf dem Felde über die Fischer und deklassierten Frauen bis zum Verbrecher, der neben Jesus gekreuzigt wurde. Warum ist es bei uns so schwierig, das genauso möglich zu machen? Warum sind unsere Gottesdienste oft geschlossene Zirkel? Wie werden wir eine Kirche nicht nur „für die Armen", sondern „der Armen" oder, noch besser: „der Armen und der Reichen"?

Wir brauchen eine neue „Theologie des Hinschauens". Die Kreuzestheologie ist eine solche Theologie des Hinschauens: Sie hält es aus, das Leid und Elend in unserer Welt zu sehen, wahrzunehmen und daraus die ethischen Konsequenzen zu ziehen. Sie hält die eschatologische Spannung aufrecht: Jetzt ist das Bild noch dunkel – unser Erkennen, unser Hinschauen wird aber schon von der vollkommenen Erkenntnis bestimmt, vom Sehen Gottes von Angesicht zu Angesicht, von der reinen Liebe.

Das „Extra nos", die Gebrochenheit des Lebens durch das Kreuzesgeschehen gesehen, setzt die Liebe als Maßstab für alles ein. Die Liebe Gottes, die sich in Jesus Christus zeigt, ruft die Liebe hervor, die für uns der Maßstab des Handelns sein soll. Sie ermöglicht eine Theologie des Hinschauens, die aus der Liebe Gottes ihre Kraft bezieht, um sich in Liebe dem Nächsten zuzuwenden.

Eva Zeller schreibt in ihrem Text „Nach erster Korinther dreizehn"[1]:

Die Liebe ist lächerlich
Sie reitet auf einem Esel
über ausgebreitete Kleider (...)
Sie stellt sich nicht ungebärdig,
sondern quer zur Routine
der Machthaber.
Die Behauptung, sie ließe sich
nicht erbittern,
hat sie im Selbstversuch
eindrücklich bestätigt.
Sie ballt nicht die Faust.
Sie steigt nicht herab.
Sie hilft nicht sich selbst.
Sie dient als Kugelfang.

Nun aber bleibt Glaube Liebe Hoffnung,
diese drei.
Aber die Liebe
ist das schwächste Glied in der Kette,
die Stelle, an welcher der Teufelskreis bricht.

Die Liebe, die Nächstenliebe, ist Zeichen der Schwäche und findet gerade darin Stärke. Das ist das Paradoxe unseres Glaubens, das macht ihn für die Armen dieser Welt so anziehend. Wir müssen uns fragen, wie wir das in unserer Gesellschaft glaubwürdig verkündigen, in der immer mehr Menschen arm sind.

Auch bewegt mich, wie Jesus als Jude mit einem anderen Juden spricht. Wie lange hat unsere Kirche gebraucht, zu begreifen, dass Jesus Jude war! Und dass wir die Heiden sind, die durch Jesus einen Zugang gefunden haben zum Gott Israels. Vor kurzem haben wir in Hannover eine Synagoge eingeweiht, die einst eine Kirche war. Natürlich schmerzt es eine Kirchengemeinde, ein Gotteshaus schließen zu müssen. Als Gäste zur Einweihung der Synagoge aber waren wir als Christinnen und Christen vor Ort mit großer Freude und Dankbarkeit anwesend. Ein gelungener Prozess, für den ich sehr dankbar bin. Als christliche Gemeinden wissen wir uns dem jüdischen Glauben verbunden durch Jesus, der Gott als „Abba, lieber Vater" ansprach. Der uns den Weg zu Gott zeigte, war Jude, hat gebetet zu dem Gott, den Jüdinnen und Juden bekennen. So teilen wir bei aller Differenz den Glauben an Gott, den Schöpfer.

Wir können nur dankbar sein, dass es wieder Synagogengemeinden gibt in Deutschland! Das gilt vor allem, weil wir als Kirche Schuld auf uns geladen haben, als wir schweigend die Zerstörung der Synagogen hingenommen haben. Am 9. November 1938 wurden in Deutschland fast zweihundert jüdische Gotteshäuser zerstört. Während am folgenden Tag die Synagoge in der Roten Reihe in Hannover langsam ausbrannte, schaute eine beträchtliche Menschenmenge schweigend zu. Die Polizei beschränkte sich auf die Absperrung des Geländes, die Feuerwehr griff nicht ein. Damals in unmittelbarer Nachbarschaft befand sich das Landeskirchenamt. Augenzeugen berichten, dass an jenem Tag eine gedrückte Stimmung im Haus herrschte. Doch der Betrieb ging weiter. Berichtet wird, man habe aus dem Landeskirchenamt auf die brennende Synagoge geschaut und gesagt: „Die Nächsten sind wir." Es wäre der angemessene Satz gewesen, hätte die Betonung gelautet: „Die *Nächsten* sind wir." Da lag die Aufgabe unserer Kirche – und daran hat sie versagt. Das muss uns mahnen bis heute, wenn wir über das Gebot der Nächstenliebe, die Mahnung zur Barmherzigkeit nachdenken. Ist uns der Erhalt der Institution Kirche wichtig oder die Realität derer, die uns als Nächste zur Seite gestellt werden? Sind wir Kirche der Nächstenliebe oder des Selbsterhaltes? Die Zukunft der Kirche getrost Gott anvertrauen und fröhlich mit dem Evangelium in der Welt auf diejenigen zugehen, die wahrhaftig gute Nachrichten gebrauchen können – darum geht es!

Vor mehr als 70 Jahren brannten Gotteshäuser mitten in unserem Land. Thora-Rollen wurden zerstört, das Wort Gottes also wurde geschändet, gegen alle Gebote, die wir als Menschen christlichen Glaubens mit denen jüdischen und auch muslimischen Glaubens teilen. Daran habe ich gedacht, als die Thora-Rollen feierlich in die neue Synagoge getragen wurden. Mitbürgerinnen und Mitbürger sprachen anderen aufgrund des unterschiedlichen Glaubens das Lebensrecht ab. Das ist heute unbegreiflich. Wir waren als Christen keine guten Nachbarn, haben versagt und Schuld auf uns geladen. Es war bitter für die Kirchen, zu begreifen: Wenn eine Glaubensgemeinschaft angegriffen wird, dann ist auch die andere in Mitleidenschaft gezogen. Dies gilt es auch heute zu beherzigen mit Blick auf unsere jüdischen und muslimischen Nachbarn.

Dass 70 Jahre nach der Zerstörung der Synagogen in Deutschland heute wieder jüdisches

Leben in unserem Land wächst, sehen wir als evangelische Kirche mit Freude und Dankbarkeit. Wir können hoffentlich neu Lehrgespräche führen wie Jesus damals. Wer den Holocaust leugnet und die Schuld der Deutschen relativieren will, macht sich selbst schuldig auch an Jesus von Nazareth, dem Juden, der in unserem Text vom barmherzigen Samariter hier ein theologisches Lehrgespräch führt.

Ein allzu bekanntes Gleichnis

Mir geht manches Mal ein Bild durch den Sinn, ein kurzer Moment nur. Wir fuhren in einem dieser dreirädrigen Taxis zu dritt auf eine Rückbank gequetscht durch das enge und stickig heiße Chennai in Südindien. Mitten im tosenden Verkehr mussten wir an einer Ampel halten. In der Gosse, im wahrsten Sinne des Wortes, also am Bordstein zwischen Müll und

Dreck, lag ein Mann. Ich dachte, er seit tot. Als wir anfuhren, hob er den Kopf etwas und sah mich an.

Ich dachte an den barmherzigen Samariter und versuchte, den Taxifahrer zum Anzuhalten zu bewegen, aber das war schier unmöglich, er bretterte weiter in dem chaotischen, lauten Gelärm und Gewusel der Großstadt. Ich fragte unsere indischen Gastgeber später, was ich hätte tun sollen. Sie sagten: „Du liebe Zeit, das ist hier Alltag! Die indische Kultur ist nun einmal nicht bestimmt von Barmherzigkeit. Da ist jeder sich selbst der Nächste."

Wie können wir barmherzig sein in einer Welt der Globalisierung, die vom Profit lebt und nicht von Nächstenliebe? Wie handelst du als Nächste jetzt richtig? Kann ich mich noch selbst lieben, wenn ich meine bürgerliche, europäische Wohlstandswelt sehe? Können wir uns selbst verzeihen, wenn wir reich und satt sind?

Für mich ist das Erlebnis in Chennai ein Sinnbild dafür, wie wir in den reichen Ländern des Nordens von der Globalisierung profitieren, wie wenig wir aber bereit sind, Verantwortung für die Verarmung im Süden dieses Globus zu übernehmen. O ja, wir lesen in den Zeitungen, dass es Hungeraufstände gibt von Kolumbien bis Indonesien. Aber unsere Reaktion ist ja weniger, gegen den Hunger anzutreten, als zu fragen, ob unsere Grenzen sicher genug sind, damit die Armen der Welt sie nicht überschreiten können. Im Süden der USA wird gerade mit massiven Investitionen eine gigantische Mauer gebaut, damit die Grenze „sicher wird". Und auch Europa schottet sich ab, so gut es kann. Die Zahl der im Mittelmeer ertrinkenden Flüchtlinge aus dem Elend Afrikas ist unbekannt.

In Äthiopien etwa kostet einheimisches Getreide inzwischen mehr als importiertes. Und was zunächst als ökologisch sinnvolle Lösung für die Krise unserer Landwirtschaft erschien, der Anbau von Pflanzen zur Energiegewinnung, erweist sich als weiterer Dreh in der Spirale der Welternährungsunordnung. Nun wird auch in Brasilien Mais für Bioenergie angebaut, während Menschen im Land hungern. Und gleichzeitig wird in Wien jeden Tag ebenso viel Brot vernichtet, wie gegessen wird. Da klingt das Gebet „Unser täglich Brot gib uns heute" geradezu zynisch.

Wen solche Ungerechtigkeit umtreibt, der oder die wird schnell als naiver Gutmensch abgetan, der begreifen müsse, dass der Markt halt die Welt beherrscht und wir daran nichts ändern können. Ist das nicht eine entsetzlich resignative Haltung? Es sind doch Menschen, die Märkte gestalten. Die Weltwirtschaft darf nicht alles beherrschen, es muss doch auch so etwas wie Weltethik geben!

Sicher, zum einen ist die Politik gefragt, für Gerechtigkeit über Grenzen hinweg einzutreten.

Zum anderen sind die Wirtschafts- und Finanz-
manager dieser Welt gefragt, Verantwortung zu
übernehmen, nicht nur Profit, sondern auch das
Leben der Menschen im Blick zu haben. Als Ein-
zelne können wir zumindest kleine Schritte gehen, vom Einkauf fair gehandelter Ware bis zur
Unterstützung von Entwicklungsprojekten. Wir
können in der öffentlichen Meinungsbildung
deutlich machen, dass „billig" eben nicht gut ist,
weil es bedeutet, dass Lebensmittel nicht angemessen bezahlt werden. Und wir können als
Bürgerinnen und Bürger Einfluss nehmen, indem wir fragen, ob Entwicklungspolitik bei
Parteien ein Nischenthema ist oder Welthan-
delsbeziehungen tatsächlich die angemessene
Aufmerksamkeit haben.

Der Mann in der Gosse in Chennai ist unser Nächster. „Mensch, wo bist du?" – die Frage
hallt über Grenzen hinweg durch unsere ganze
Welt. Auch das ist Globalisierung. Wir können

nicht nur freundlich barmherzig sein, sondern wir müssen uns auch fragen, warum Strukturen derart unbarmherzig sind. Der barmherzige Samariter erklärt, er käme wieder. Käme er nun wieder, vielleicht Woche für Woche, und immer wieder läge da einer, der niedergeschlagen und ausgeraubt wurde, würde er sich nicht irgendwann fragen müssen, ob es mehr Sinn macht, die Räuberbande zu verfolgen, als immer je einzeln die Opfer zu versorgen? Bei all unseren Hilfsprojekten muss immer auch die Frage sein, wie wir Strukturen verändern.

Dabei dürfen wir auch wiederum die Selbstliebe nicht vergessen. Wer nur die Zerstörung sieht, kann sich nicht mehr über den Sonnenstrahl freuen. Wer das ganze Elend der Welt vor Augen hat, wird verzweifeln, weil sie so wenig tun kann. Wir brauchen aber engagierte, mutige Menschen, die anpacken. Jeder an einem einzelnen Punkt, jede an einem Stück des großen

Knäuels, am je eigenen Ort. Da bleibt das afrikanische Sprichwort trostreich: „Viele kleine Menschen, die viele kleine Schritte tun, können das Gesicht der Welt verändern." Von solcher Hoffnung ist doch auch der Bibeltext geprägt, den wir vor Augen haben.

Die biblische Sicht auf die Welt und auf die Gesellschaft ist geprägt davon, dass Schwachheit ein Thema ist und die Armen als Subjekte vorkommen. Theologie des Hinschauens heißt auch, die Armen – diejenigen also, die Barmherzigkeit benötigen – sichtbar zu machen. Nur wenn wir hinsehen, werden wir auch sehen, wer sie sind, was sie sagen, und mit ihnen überlegen können, wie wir im Dreieck von Nächstenliebe, Selbstliebe und Gottesliebe handeln können.

Die biblische Sicht auf die Armen ist keine Verklärung der Welt und des Menschen zu etwas Heilem und Ganzen, zu etwas Gutem und

Vollkommenen. Es gibt in der Bibel ein sehr realistisches Menschenbild. Der Mensch ist verführbar seit Adam und Eva, er neigt zur Gewalt seit Kain und Abel und er hat eine Tendenz zum Größenwahnsinn seit dem Turmbau zu Babel. Es gibt keine perfekte Vorstellung des Menschen in christlicher Sicht. Martin Luther hat das theologisch so ausgedrückt: „simul justus et peccator" – der Mensch ist immer gerecht und Sünder zugleich. Beides ist in uns angelegt. Wirklich gerecht aber in dem Sinne, dass wir uns unseren Lebenssinn selbst erleisten, ist niemand von uns. Lebenssinn kann uns nur Gott zusagen. Die Liebe macht uns zu liebenswerten Menschen. Weil Gott uns ansieht, sind wir angesehen.

Die Bibel spekuliert herzlich wenig darüber, wie eine perfekte Welt wohl aussehen sollte, aber umso mehr darüber, wie sie wirklich ist – sozusagen, welchen Veränderungsbedarf sie hat. Schwachheit, Leiden, Schuld und Versagen gehören zu den Hauptthemen der Bibel und die uns begegnenden Charaktere sind alle davon gezeichnet. Im berühmten achten Kapitel des Römerbriefes spricht Paulus von dem ängstlichen Harren der Kreatur, die darauf wartet, dass die Kinder Gottes offenbar werden. Nicht nur die Menschen, die ganze Schöpfung ist der Vergänglichkeit, der Unfertigkeit, dem Ungenügen und der Schwäche unterworfen, mit den Worten von Paulus „in Knechtschaft". Aber zugleich steht sie im Horizont der Hoffnung, der Überwindung der Unvollkommenheiten, der Leiden und Einschränkungen; die Welt und mit ihr die Menschheit stehen unter der Verheißung der „herrlichen Freiheit der Kinder Gottes".

Die Armen sind in der Bibel Teil der Wirklichkeit der Welt. Sie werden nicht ausgeblendet und nicht ausgeschlossen, sondern in den Blick genommen. Und wenn im Lehrgespräch die Frage auftaucht, wie das Leben vor Gott gelingt, dann liegt die Antwort im Gleichnis vom barmherzigen Samariter. Eigentlich müssten wir als Evangelische da sofort aufschrecken. Ist das nicht Werkgerechtigkeit? Wenn wir dies und das tun, dann leben wir ein vor Gott gerechtes, angemessenes Leben?

Nein. Mit dem Gleichnis gibt Jesus ein Beispiel, wie Gottesliebe, Selbstliebe und Nächstenliebe zusammengehören. Weil ich Gott liebe, habe ich das Bedürfnis, anderen zur Seite zu stehen. Ich habe die Kraft dazu, weil ich mich selbst lieben kann.

Zu dem gern Verdrängten gehört auch die Wahrnehmung eigenen Versagens, eigener Schuld und Schuldverwicklung, aber eben auch die Wahrnehmung eigener Schwäche, Abhängigkeit und Angewiesenheit auf andere. Gern sehen wir uns freier, unabhängiger und stärker, als wir es wirklich sind. Dagegen lehrt uns die Bibel immer wieder, wie auch die Starken auf die Hilfe anderer Menschen, auf Gott angewiesen sind. So lehrt sie nicht nur Nüchternheit, sondern auch Dankbarkeit, Selbstliebe auch dann, wenn ich mich als gar nicht so liebenswert wahrnehme, wenn ich im Spiegel lieber ein wenig zur Seite schaue.

In unserer Gesellschaft, in deren Medien zumeist ein Kult von Stärke und Schönheit kultiviert wird, ist von der Verdrängung des Themas der Schwäche und der Beschämung der Schwachen viel zu spüren. Sprechen wir zum Beispiel von eigenen Schwächen, Grenzen und Unvollkommenheiten, machen wir uns angreifbar und verletzlich. Das Wettbewerbsdenken der Wirtschaft befeuert geradezu die Kultur des Herausstellens der Stärken und des Kaschierens von Schwächen, Mängeln und Schwierigkeiten.

Eine Atmosphäre des schönen Scheins, dem aber kaum noch jemand glaubt, ist in immer mehr Bereiche unseres Lebens vorgedrungen und hat sich dort breitgemacht. Die Bibel und ihre Sicht auf die Welt und die Wirklichkeit von uns Menschen stehen dem entgegen. Ich bin überzeugt, dass es möglich ist, den öffentlichen Diskurs darüber zu führen und zu verstärken; und zwar nicht bloß als einen Streit über Glaubensinhalte, sondern als einen Streit über die Wirklichkeit und ihre Wahrnehmung. Die Bibel lese ich als ein Mutmachbuch dazu, nicht nur für Schwache einzutreten, sondern durch das Wahrnehmen und Ansprechen eigener Schwächen und Grenzen auch die eigene Angreifbarkeit und Verletzlichkeit zu riskieren.

So geht es beim biblischen Auftrag zur Barmherzigkeit nicht nur um ein Engagement für Menschen, die uns brauchen, sondern auch darum, um Räume zu ringen, in denen sich Vertrauen entfalten kann, in denen offen und ehrlich von Schwächen und Schwierigkeiten gesprochen werden kann, und wo der Zwang aufgehoben ist, sich auf Stärke und das Vortäuschen von Stärke verlegen zu müssen. Es gibt die Schwachen im Land – aber Schwächen haben alle Menschen.

In der Fortführung des Nächstenliebegebotes heißt es: „Die Fremdlinge sollst du nicht bedrängen und bedrücken; denn ihr seid auch Fremdlinge in Ägyptenland gewesen" (2. Buch Mose 22,20f.). Fremdling zu sein wird hier als ein Beispiel von Schwäche und Unterstützungsbedarf angeführt und als Mahnung zur Barmherzigkeit. Die Hörer und Leserinnen dieses Schutzgebotes werden markanterweise nicht nur auf die offensichtliche Unterstützungsbedürftigkeit der Fremdlinge hingewiesen, sondern auch auf sich selbst verwiesen. Die momentan Starken werden auf ihre eigene Verbindung mit den Ängsten und Sorgen der Schwachen hin angesprochen. Die Fremdlinge können darum nicht mehr bloß als „die Anderen" betrachtet werden. Sie mögen Fremde bleiben. Aber über ihre Schwäche und Angewiesenheit sind sie mit der ehemaligen Schwäche und Angewiesenheit der Starken verbunden – unlöslich.

Auch der barmherzige Samariter selbst bedarf also der Barmherzigkeit. Die Gewohnheit und unsere Sprache lassen uns das oft vergessen und verdrängen. Die mit Behinderungen lebenden Menschen etwa nennen wir, wenn die Behinderung einen bestimmten Grad überschritten hat, „Behinderte" und machen ihre Angewiesenheit auf Unterstützung zu dem herausragenden Merkmal ihrer Identität. Unsere eigenen Angewiesenheiten, die gegenwärtigen, die vergangenen und die kommenden, klammern wir aus unserer Selbstbezeichnung und aus unserer Identität aus, solange wir es können. Dabei sind wir alle angewiesen auf Barmherzigkeit. Im

Grunde unserer Existenz und durch den Verlauf unseres Lebens von der Wiege bis zur Bahre sind wir mit denen, die wir „Behinderte" nennen, also verbunden und ihnen im Prinzip gleich. Nur durch die Sprache und unseren Umgang mit ihnen, machen wir sie zu „Anderen".

Ihr sollt den Schwachen nicht bedrücken! Frag, wer dein Nächster ist, seid barmherzig – denn die, denen gegenüber ihr barmherzig seid, sie sind wie ihr selbst! Matthäus fasst genau das zusammen, wenn er sagt: Selig sind die Barmherzigen, denn sie werden Barmherzigkeit erlangen! Marlene Crüsemann drückt das so aus: Wenn sich die Frage „Wer ist mein Nächster?" subjektiv verwandelt in die Frage „Wer ist dem Opfer Nächster geworden?", dreht sich das Bild. „Der Schriftgelehrte und wir, die ebenfalls das Gleichnis vernehmen, sind nicht immer in der Rolle der Helfenden, … sondern liegen plötzlich selbst am Wegrand, beraubt und schwerverletzt, haben unmittelbare Gewalt erlebt, was jederzeit möglich ist."[2]

Der Nächste und die Barmherzigkeit

Der barmherzige Samariter steht auch für einen Menschen, der großzügig mit seinem Geld umgeht. Er versorgt den Geschundenen nicht nur, er sagt dem Wirt auch: „Wenn es nicht reicht, will ich es erstatten." Eine solche Lebenshaltung der Großzügigkeit fehlt einer Gesellschaft, die auf Gewinn und hohe Zinsen fixiert ist.

Unsere Gesellschaft erklärt, Geiz sei „geil". Und geil meint wohl: großartig, imponierend, auf neudeutsch „sexy". Dabei wissen wir doch alle, dass Geiz nicht gerade lebenslustig, menschenfreundlich und liebevoll ist. Wer würde schon einem Menschen sagen: „Ich liebe dich, weil du so geizig bist"? Eigentlich macht Geiz unsympathisch.

Schon in der Bibel wird vor Geiz in den Lasterkatalogen gewarnt. „Geizige werden das Reich Gottes nicht erben", schreibt Paulus im ersten Korintherbrief (6,10). Der Grund ist wohl, dass das Reich Gottes eine Kontrastgesellschaft abbildet: Da sind die Sanftmütigen im Vordergrund, die Barmherzigen, die mit der Sehnsucht nach Gerechtigkeit. Ganz andere Kategorien als die Erfolgsgaranten unserer Tage: Durchsetzungsvermögen, Steigerung der Aktienkurse, Einkommensverbesserung.

Dieses Haben-und-halten-Wollen, diese Gier nach Besitz macht zu allererst unfrei. Sich das bewusst zu machen, eröffnet ganz neue Möglichkeiten. Es ist eine enorme Freiheit, geben zu können, also frei-giebig zu sein. Es geht um die Freiheit, loszulassen. Die Freiheit auch von den materiellen Dingen.

Wer innerlich frei bleibt, setzt nicht auf vermeintliche Sicherheit durch Geld und Besitz, sondern darauf, dass Gott es richten wird und andere Menschen für mich mitsorgen. Es geht um ein tiefes Vertrauen in das Leben. Um all das, was ich nicht kaufen kann: Vertrauen, Liebe, Gemeinschaft, Zuneigung. Ich habe den Eindruck, unsere so durchökonomisierte Gesellschaft begreift in der Krise gerade, wie viel wichtiger das Unkäufliche ist für das Leben.

Mich berührt die Geschichte von einem Touristen, der in einem Kloster übernachtet. Als er sieht, dass es dort sehr karg ist, fragt er einen Mönch: „Wo habt ihr eure Möbel?" Der fragt zurück: „Ja, wo haben Sie denn Ihre?" – „Meine?", sagt der Tourist verblüfft. „Ich bin doch nur auf der Durchreise!" „Eben", sagt der Mönch, „das sind wir auch."

So eine Lebenshaltung meint nicht Sorglosigkeit im Sinne von Verantwortungslosigkeit. Sie meint Freiheit von allem, was uns in der Konsumgesellschaft als so unverzichtbar angepriesen wird. Da geht es um eine Ethik des Genug, das Wissen um eine Grenze. Nicht Kargheit ist die Folge, sondern Freude an den Dingen. Es geht um Liebe zum Leben und zu den Menschen, statt Egoismus und Angst.

Gerade solche Freiheit macht frei zur Verschwendung im positiven Sinne. „Einen fröhlichen Geber hat Gott lieb": Wer freigiebig ist, lebt in der Tat glücklicher. Dann musst du nicht zwanghaft festhalten, sondern stehst in einer Art Segenskreis, in dem du wieder Freude empfängst von denen, denen du gibst. Denn das wissen wir doch auch: Jemandem etwas geben, schenken können, ist ja nicht nur ein Abgeben, sondern immer auch ein Empfangen. Es bereitet mir doch Freude, die Freude der anderen zu sehen. Wir können geradezu dankbar sein, wenn wir geben können. Wir sind viel lieber barmherziger Samariter oder Samariterin als diejenigen, die am Boden liegen und Hilfe benötigen. Es ist wesentlich schwerer, Hilfe und Zuwendung anzunehmen, weil das oft mit Scham verbunden ist. Wer geben kann, ist in der Tat gesegnet. Wer barmherzig und freigiebig ist wie der Samariter, der legt wahrhaftig einen nachhaltigen Lebensstil an den Tag, er oder sie sorgen für andere Menschen und kommende Generationen.

Dabei gibt es viele Stimmen, die uns locken, wie diejenigen, die vorübergehen, sei es der Levit, sei es der Priester. Was die Gründe sein mögen, der Tempeldienst oder auch nicht, es ist die Stimme der Versuchung: „Was geht mich das denn an? Es gibt doch genügend Institutionen! Und ich spende doch auch!" Stimmen der Versuchung, die allzu präsent sind in unseren Tagen: „Ein bisschen Geld zur Seite an der Steuer vorbei, wie wär's? So ein bisschen Geld nach Liechtenstein transferieren, wen juckt es? So eine kleine Million als Abfindung – steht mir doch zu!"

Stimmen, die uns sagen wollen: „Du brauchst über dein Leben keine Rechenschaft ablegen: Lebe wild und gefährlich, ohne Rücksicht auf andere, der Ehrliche ist der Dumme." Stimmen der Versuchung auch für unsere Gesellschaft: „Ist ein Leben mit Demenz wirklich lebenswert? Müssen wir uns um Flüchtlinge aus Afrika scheren? Was geht mich mein Nachbar an? Warum sollte mich das Gemeinwohl interessieren?" Das Unterscheiden der Stimmen ist wichtig, auch für unsere Kirche. Unterscheiden heißt auf griechisch *kritein.* Das meint also kritisch sein: Die Stimmen unterscheiden, sorgfältig prüfen und Kriterien finden für den eigenen Weg. Das Gleichnis vom barmherzigen Samariter und das Nächstenliebegebot sind hervorragende Kriterien.

Als Christinnen und Christen schärfen wir unser Gewissen an der Bibel. Das hat Martin

Luther uns als Grundlage mitgegeben: selbst nachlesen, selbst nachschauen und so Gottes Stimme verstehen, eigene Wege finden in der Welt. Wir wollen in Verantwortung vor Gott in Gemeinschaft mit anderen Menschen leben. Und es wird immer wieder zu diskutieren sein, was der richtige Weg ist, wo wir Gottes Stimme hören. Wir sind in der Tat Kirche der Freiheit, wo wir das wagen, auch in der internen Auseinandersetzung, die ja nicht Konfrontation sein muss, sondern gemeinsames Ringen.

Vor drei Jahren habe ich unsere Partnerkirche in Äthiopien besucht. Da der Terminplan sehr eng war, sollte ich für den Besuch in unseren Missionsstationen in Westäthiopien das Flugzeug benutzen. Der stolze Captain Solomon zeigte mir am Abend vor dem Abflug seine kleine Maschine, deren Anblick eine gewisse Skepsis in mir auslöste. Ja, sie sei alt, sagte er. Vor vielen Jahren habe er sie aus den USA geholt.

Zudem erklärte er, auf der Piste in Ayra, auf der wir landen sollten, sei seit vier Jahren kein Flugzeug mehr gelandet, das sei also nicht Kennedy-Airport, aber er würde mich schon heil runterbringen.

Sie können sich vorstellen, dass meine Begeisterung leicht begrenzt war. Captain Solomon sagte mir während des Fluges, Lukas 10 sei das Gleichnis für sein Flugzeug. Ich müsse verstehen, dass der Samariter nichts gewesen wäre ohne seinen Esel. Der Esel habe den Verletzten schließlich transportiert. Und ihn ärgere, dass das nie erwähnt würde. Er fände, sein Flugzeug sei wie dieses Lasttier – bereit zum Dienen, aber nie würde wirklich wahrgenommen, welche wichtige Rolle es spielt.

Sie merken, das hat mich beeindruckt. Eine ganz neue Sicht der Dinge! Was wäre der Samariter ohne sein Lasttier! Viel zu oft sehen wir nur den Ausschnitt, den wir kennen, das, was vor Augen liegt und nicht das ganze Bild. Samaritersein und Nächstenliebe brauchen funktionierende Strukturen und gute Ausstattung.

So habe ich wie der kleine Junge an Heiligabend einen wohlbekannten Text noch einmal ganz neu gehört.

Bibelarbeit auf dem Deutschen Evangelischen Kirchentag in Bremen, 22. Mai 2009

[1] Abdruck mit freundlicher Genehmigung der Autorin.

[2] Marlene Crüsemann, Einig über die Nächstenliebe, in: Junge Kirche extra/08, S. 11 ff., S. 16.

Heilung für unsere geschundenen Seelen

Matthäus 15,21–28

Und Jesus ging weg von dort und zog sich zurück in die Gegend von Tyrus und Sidon. Und siehe, eine kanaanäische Frau kam aus diesem Gebiet und schrie: Ach Herr, du Sohn Davids, erbarme dich meiner! Meine Tochter wird von einem bösen Geist übel geplagt. Und er antwortete ihr kein Wort. Da traten seine Jünger zu ihm, baten ihn und sprachen: Lass sie doch gehen,

denn sie schreit uns nach. Er antwortete
aber und sprach: Ich bin nur gesandt zu
den verlorenen Schafen des Hauses Israel.
Sie aber kam und fiel vor ihm nieder und
sprach: Herr, hilf mir! Aber er antwortete
und sprach: Es ist nicht recht, dass man
den Kindern ihr Brot nehme und werfe es
vor die Hunde. Sie sprach: Ja, Herr; aber
doch fressen die Hunde von den Brosa-
men, die vom Tisch ihrer Herren fallen. Da
antwortete Jesus und sprach zu ihr: Frau,
dein Glaube ist groß. Dir geschehe, wie du
willst! Und ihre Tochter wurde gesund zu
derselben Stunde.

Ach ja, das kennen wir: Eine Frau, die sich
nicht zurückweisen lässt, die einfach nicht auf-
hört, die geradezu besessen ist von ihrer Sache.
Die gibt es auch heute in jeder Kirchengemeinde. Aber nur wenige von ihnen werden in die

Kirchengeschichte eingehen so wie die namenlose Frau, von der Matthäus berichtet. Sie wird nicht charakterisiert durch die Einbindung in Familienstrukturen: „Tochter des", „Frau des", „Schwester des" ... wie sonst oft in den Evangelien. Wir haben es also mit einer Frau zu tun, die wir heute „alleinstehend" oder „alleinerziehend" nennen würden. In jedem Fall ist sie Mutter und verantwortlich für eine kranke Tochter.

Uns begegnet eine Frau mit einer Tochter, die krank ist. Schwerkrank, wie die Rede vom bösen Geist, der sie übel plagt, vermuten lässt. Wie ist dieser böse Geist loszuwerden, was ist zu tun? Die Frau hört von dem Rabbi aus Nazareth. Und sie hat das Vertrauen – besser gesagt: ihr wird der Glaube geschenkt, dass bei ihm Heilung zu finden ist. Offensichtlich ist sie nicht ungebildet, sondern mit der Psalmensprache Israels vertraut, wenn sie auch nicht zum Volk Israel gehört. Sie nennt Jesus „Sohn Davids", sie teilt die jüdische Hoffnung auf Heilung und Heil. Diese Frau nimmt in Anspruch, dass der Gott Israels Heilung zu allen bringt.

Die Frau ist von Not getrieben. Mit der Krankheit der Tochter sind nicht nur ihre mütterlichen Schutzinstinkte wach. Es sind auch ihre konkreten sozialen und wohl auch ökonomischen Nöte. Wie soll sie denn für den Lebensunterhalt sorgen? Wird die Tochter je selbstständig leben können? Und dann wird diese bange Frage aller Mütter, besonders aber der Mütter kranker und behinderter Kinder, sie umtreiben: Was, wenn ich nicht mehr bin? Da hat sich eben gar nicht so viel geändert bis heute. Mütter sind nicht gern gesehen in der modernen Berufswelt. Wer stellt schon eine junge Frau ein – sie könnte ja schwanger werden! „Ausbildung zum Facharzt?", sagte der bekannte Gynäkologe, „das können Sie bei mir machen, aber nur, wenn ich Sie eigenhändig sterilisiert habe.

Sonst verschwenden wir dabei doch nur kostbare Zeit!" Muttersein und Beruf lassen sich schwer verbinden im Zeitalter der Allround-Mobilität. Und die Mutter eines kranken oder behinderten Kindes gar, sie ist auch in Deutschland heute ganz schnell auf dem Weg ins Abseits, ins Armutsrisiko. Und auf dem Weg in die soziale Isolation: „Ein behindertes Kind – das muss doch heute nicht mehr sein im Zeitalter von Präimplantationsdiagnostik und Spätabtreibung!" Das berühmte soziale Netz kann sehr schnell reißen.

Ihre Not macht die Frau für die Jünger zur Nervensäge. Da will Jesus sich endlich einmal zurückziehen. Eine Atempause finden. Vielleicht einmal mit seinen Jüngerinnen und Jüngern einiges klären. Solche Ruhezeiten, solche Klärungsphasen sind kostbar. Und da stört diese Frau. Sie schreit, sie ist einfach nicht abzuschütteln.

Jesus scheint sie zunächst in aller Ruhe ignorieren zu wollen. Aber die Jünger erwarten von ihm ein Machtwort – und das spricht er ja auch, als er die Frau schroff abweist: „Ich bin nur gesandt zu den verlorenen Schafen des Hauses Israel." Das ist seine Auffassung. Er ist Jude und angetreten, für die verlorenen Schafe Israels zuständig zu sein. Ehrlich gesagt: Jesus ist hier nicht gerade ein Sympathieträger.

Als die Frau beharrt, steigert Jesus seine Abweisung noch: Das Brot des Lebens soll doch nicht vor die Hunde geworfen werden. Das klingt unerhört hart und verletzend, es klingt nach verbaler Gewalt. Für fast alle Frauen wäre mit einer solchen Abfuhr der Mut verloren. Sie erleben es ja allzu oft: Du bist nicht wert genug, nicht schlau genug, nicht ausgebildet genug. Und nicht nur in Afrika, Asien, Lateinamerika. Nein, das erleben Frauen auch bei uns in Deutschland, ja, sogar in der Kirche, geben wir es doch zu: zum Helfen gut genug, aber nicht zum Leiten. Und Frauen mit Kindern? Ja, wir brauchen sie, weil die demografische Entwicklung so problematisch ist, da freut man sich im Prinzip über jedes Kind, schon wegen der Rente. Aber dieses Windelnwickeln und Vokabelnabhören und diese Ausfallzeiten bei Windpocken und das Klavierüben, das ist doch letzten Endes volkswirtschaftlich irrelevant, oder? Damit müssen sich gelehrte Kreise, Rabbiner und Apostel nicht befassen, da geht es schließlich um die großen Fragen, um relevante Entscheidungen...

Jene Frau aus Kanaan aber lässt sich nicht abweisen, das imponiert mir ungeheuer. Sie vertraut, sie glaubt, dass Gottes Heil auch für sie bestimmt ist, und hält trotz der massiven Abweisung daran fest. Und sie ist den Jüngern peinlich.

Der Lernprozess

Jesus fühlt sich nicht zuständig für diese Frau. Wo er es nicht erwartet hatte, trifft er auf Glauben. Glauben, der sich nicht auf Rechte beruft und doch von Jesus alles erwartet. Das ganze Neue Testament ist voll von Staunen darüber, dass der Gott Israels sich *allen* Menschen, *allen* Völkern zuwendet.

Heißt das also: Jesus selbst wird belehrt, durch den Glauben einer Frau? Das habe ich vor Jahren in einer Predigt zu dieser Textstelle gesagt und habe schwere Vorwürfe geerntet: „Unser Herr Jesus musste doch nichts lernen – und schon gar nicht von einer Frau." Aber ich nehme das doch bei Matthäus wahr! Und dann habe ich tatsächlich bei Rudolf Bultmann, dem großen alten Mann der Theologie, gelesen: „Die Dogmatiker haben mit dieser Perikope ihre liebe Not. Jesus scheint darin von einer Heidin bekehrt zu werden; in ihm geht eine Wandlung vor." Also doch!

Mit ihrer festen Überzeugung vom Heil Gottes, das auch ihr zugesprochen ist, wird diese Frau zu einer Lehrerin für Jesus und zu einer Lehrerin der Kirche. Geben wir ihr deshalb die Ehre. Allzu oft sind die Lehrerinnen der Kirche verborgen geblieben. Dadurch blieben sie unentdeckt, ging ihr Zeugnis verloren, weil es nicht wert geachtet wurde. Erst in den letzten Jahren entdecken wir diese Lehrerinnen wieder. Suchen nach den letzten Zeugnissen, die von ihrem Glauben überliefert wurden. Spannendes kommt da ans Licht!

In Jesus geht also eine Wandlung vor. Er, der Sohn Gottes, wird „schreiend" von einer Heidin belehrt. Das ist ganz außerordentlich! Und es wundert mich, dass dieser Text im Evangelium überlebt hat. Für Jesus eröffnet sich ein neuer Horizont. Wenn aber Jesus wahrer Mensch wie wahrer Gott war, wieso sollte er dann nicht lernen dürfen? Lernen ist eine Grundbedingung menschlicher Existenz!

Jene Frau ringt mit Jesus um Grenzen. Und Jesus überwindet die eigene Position, die sich in ihren Grenzen als zu eng erweist. Er ist offen für Lernprozesse, für neue Einsichten, für Horizonterweiterungen. Er gibt einem Verständnis recht, das Gottes Heil allen Menschen zusagt. Die Frau behauptet sich durch Scharfsinn und Beharrlichkeit. Das ist eine Herausforderung bis heute. Heute ist da eher Abgrenzung gefragt, sogar in der Kirche: Wer ist rechtgläubig, wer nicht? Wer ist fromm, wer nicht? Wer ist bibeltreu, wer fällt vom wahren Glauben ab? Wie oft kommt „Jesus Christus" vor in einem Satz? Mit wem darf das Gespräch gesucht werden?

Jene Frau dagegen hat eine Hoffnung auf Gottes Heil und Heilung, die all diese Grenzen überschreitet. Gerade weil das Evangelium heu-

te in so vielen Kulturen und in fast allen Nationen beheimatet ist, könnten wir als Christinnen
und Christen ihr nacheifern, indem wir beitra-
gen zur Überwindung der Fremdheit in dieser
Welt. Wir selbst können über Grenzen gehen. In
unserem eigenen Land über die Grenzen zu denen ohne Obdach, ohne Asyl, zu denen ohne
Sinn, ohne Freunde, ohne Hoffnung. Und weil
wir wissen, dass Schwestern und Brüder im
Glauben in aller Welt leben, könnten wir doch
die Grenzen zwischen Völkern und Nationen,
zwischen Kulturen und Kontinenten überwinden. Der Hass, der so leicht gesät wird, er sollte
da keine Chance mehr haben.

So wie Jesus erst langsam die ungeheure
Dimension seiner Sendung wahrnimmt, so dau-
ert es auch lange, bis die Jünger wirklich verstehen. Erst nach der Auferstehung nehmen sie
wahr, dass es nicht allein um Israel, das neue
Königreich Davids geht, sondern um den ganzen

bewohnten Erdkreis, die ganze Oikumene. Alle Nationen – das bleibt eine Herausforderung bis heute. In Südafrika hörte ich die Geschichte, dass einst die weißen Farmer Missionare von ihren Höfen verjagten, die Schwarze tauften. Die Farmer hatten sogar Recht in ihrer Argumentation: „Wenn er die Schwarzen tauft, sind die wie wir…!"

Die Geschichte Gottes mit den Menschen verändert die Welt, sie verändert die Menschen, sie verändert sogar Gott. Gott ist nicht ein geschichtsloses Wesen. Gott kommt mir in diesem Text sehr nahe. Im Glauben begegnen sich Mensch und Gott. Beide gehen nicht unverändert aus der Begegnung hervor. Gott ist eben nicht der entrückte Weltenlenker, sondern der in Christus offenbare Gott hat eine Geschichte mit uns Menschen. Gott teilt uns nicht geschichtslose Wahrheiten mit, sondern begegnet uns mitten im Leben.

Glaube heilt

Das Vertrauen dieser Frau und ihr Glaube sind so überwältigend, dass Heilung möglich wird. Die Tochter wird gesund. Und so entstehen neue Lebensperspektiven für die Mutter. Solch ein Vertrauen kann Berge versetzen und Wunder wirken. Solch ein Glaube ist Lebensbrot, weil durch ihn Jesus als Brot des Lebens erkannt wird.

Bleiben wir offen für neue Lernerfahrungen, für Horizonterweiterungen, wie Jesus selbst es war. Nerven wir ruhig, wo es um das Heil geht, ja, lasst uns fragen und bohren und suchen! Und ermutigen wir uns gegenseitig zu Erfahrungen, Berührungen und Begegnungen, die Heilung eröffnen für unsere oft so einsamen und geschundenen Seelen.

Predigt im Festgottesdienst bei der Generalsynode der VELKD, Stade, 12. Oktober 2003

Geliebt
und ohne Angst

Römerbrief 3,21–28

Wer ist geachtet im Land? Wöchentlich können wir das mit Blick auf die Politik in der Zeitung lesen. Mal ist die Kanzlerin ganz oben, mal ist der Außenminister der beliebteste Politiker. Wofür werden sie eigentlich geachtet? Für ihre Politik? Für ihren persönlichen Lebensstil? Geachtet im Land sind auch die Medienmenschen, die großen Stars aus Film und Fernsehen: Julia Roberts etwa. Anerkennung für

Schönheit? Oder für schauspielerische Leistung? Oder ist öffentliche Aufmerksamkeit eher mit Häme verbunden? Dolly Buster und Naddel im Dschungelcamp – mit Ruhm hat das wohl kaum etwas zu tun.

Für mich ganz persönlich gilt die Wahrnehmung von Respekt anderen: dem Mann, der mit Conterganerkrankung fröhlich sein Leben meistert. Dem Mädchen, das mit den ihm zugefügten Verbrennungen leben muss. Wangari Maathai, die 2004 den Friedensnobelpreis erhielt. (Übrigens: Wo bleibt der Jubel? Hätte es doch der Papst sein müssen oder Tony Blair? Beide waren schließlich auch vorgeschlagen...) Eine nahezu unbekannte Bäumepflanzerin aus Kenia! Ich finde das ganz großartig und vom Nobelpreiskomitee wahrhaft weitsichtig. Das ist doch geradezu reformatorische Tradition: Da steht sie und kann nicht anders. Die heute 69-jährige Professorin ist seit Jahrzehnten eine mutige Vorkämpferin für Demokratie und Menschenrechte in Kenia.

Für mich ist dieser Preis stellvertretend den afrikanischen Frauen gewidmet, die dem Chaos von Bürgerkriegen, Rechtlosigkeit, Vergewaltigung ausgeliefert sind. Allein im Kongo sollen 2003 mehr als 40 000 Frauen systematisch vergewaltigt worden sein! Ärztliche Versorgung, psychologische Betreuung – nicht in Sicht! Frauen erwirtschaften 80 Prozent der Nahrungsmittel in Afrika, aber sie besitzen nur ein Prozent des Landes. Leistungen, lebenswichtiges Tun, das niemals die Schlagzeilen dieser Welt füllen wird. Wo ist der Ruhm, was die Anerkennung? Wer kann stolz sein in dieser Welt – solche Frauen oder die Manager großer Konzerne? Was heißt Lebensleistung? Mit diesen Fragen im Hinterkopf lese ich den heutigen Predigttext:

Nun aber ist ohne Zutun des Gesetzes die Gerechtigkeit, die vor Gott gilt, offenbart, bezeugt durch das Gesetz und die Propheten. Ich rede aber von der Gerechtigkeit vor Gott, die da kommt durch den Glauben an Jesus Christus zu allen, die glauben. Denn es ist hier kein Unterschied: sie sind allesamt Sünder und ermangeln des Ruhmes, den sie bei Gott haben sollten, und werden ohne Verdienst gerecht aus seiner Gnade durch die Erlösung, die durch Christus Jesus geschehen ist. Den hat Gott für den Glauben hingestellt als Sühne in seinem Blut zum Erweis seiner Gerechtigkeit, indem er die Sünden vergibt, die früher begangen wurden in der Zeit seiner Geduld, um nun in dieser Zeit seine Gerechtigkeit zu erweisen, dass er selbst gerecht ist und gerecht macht den, der da ist aus dem Glauben an Jesus.

Wo bleibt nun das Rühmen? Es ist ausge-schlossen. Durch welches Gesetz? Durch das Gesetz der Werke? Nein, sondern durch das Gesetz des Glaubens. So halten wir nun dafür, dass der Mensch gerecht wird ohne des Gesetzes Werke, allein durch den Glauben.

Für Paulus war es lange Zeit die eigene Ge-setzestreue, auf die er stolz war im Leben. Der junge Saulus hatte sich genau an die Vorschriften gehalten, hatte erfüllt, was er meinte, das Gott von ihm forderte. Angesehen war er dafür bei seinen Leuten. Dafür sollten wir ihn wie andere nicht verachten. Denn das kennen wir als durch-aus schönes Grundgefühl im Leben: „Ich bin wer! Respektiert!" Wer sehnt sich nicht danach? Der gute Saulus blickte herab auf die, die sich anders verhielten. Mit der Nase ganz oben grenz-te er sich von den anderen ab. Genau das führte zu einer Umkehrung dessen, was Gottes Gebote, Gottes Gesetze wollen, nämlich ein Zusammenleben der Menschen, Gemeinschaft, Nachsicht, Treue, Verbindlichkeit, Liebe. Saulus befand sich damit in einer Art circulus vitiosus, im Teufelskreis. Je mehr er leistete, desto mehr Anerkennung erhielt er, aber desto weiter war er entfernt von dem, was Gott wirklich will.

Diesen Teufelskreis selbst zu erkennen oder gar zu durchbrechen, fällt uns Menschen schwer. Wir alle schlagen uns gern an die Brust, wenn wir etwas ganz besonders toll gemacht haben, wenn etwas gelungen ist, wenn öffentliche Anerkennung folgt. Ein leises Gefühl von Überlegenheit macht sich dann breit: „Habe ich geschafft: ganz allein!" Das ist auch in Ordnung. Leistung an sich und ein Gott wohlgefälliges Leben sind ganz gewiss gut evangelisch. Gottes Gebote, Gottes Gesetz für ein gutes Leben werden nach evangelischer Sicht ja nicht aufgehoben. Die Forderung an den Menschen ist durchaus vorhanden. Was Paulus aber im Römerbrief beschreibt, ist eine Veränderung der Reihenfolge. Nicht, weil wir Großartiges leisten, uns Achtung oder Anerkennung verschaffen, finden wir Achtung oder auch Gnade vor Gott, sondern Gott wendet sich uns zuallererst zu und fordert uns dann in der Konsequenz. Auch das eigene Scheitern hebt die Gottesbeziehung nicht auf. Wir können uns entspannen, salopp gesagt. Präziser: Wir dürfen uns Gott anvertrauen, aus diesem ewigen Hamsterrad von Leistung und Gewinn aussteigen. Genau das ist Gnade. Gottes Zuwendung ist auch da, wo mit den Augen der Welt gesehen kein Erfolg ist, keine großartige Leistung, vielleicht ein Versagen, ein eher kärgliches Leben, eine Looser-Existenz. „Mit meiner Ehe klappt es nicht, meinen Arbeitsplatz werde ich verlieren, die Kinder sind mehr als schwierig, ich bin einsam im Alter, ich weiß nicht weiter" –

das ist mit Blick auf die Wertungen der Welt schlimm. Aber das macht mich nicht weniger wert vor Gott.

Ich denke an so manches verzagte Gesicht von Arbeiterinnen und Arbeitern bei Opel und Karstadt in diesen Tagen, die Angst vor der Arbeitslosigkeit haben. Ihnen allen möchte ich am Reformationstag zurufen: Ihr könnt euch genau dieser Lage anvertrauen – der Sorge Gottes um euch und auch der Gemeinschaft. Gott will für euch da sein, die Hand ist schon ausgestreckt. Und: Da gibt es Gemeinsamkeit, Solidarität, andere, die euch eben auch mit den Augen Gottes ansehen wollen! Welche Erleichterung, welche Freiheit!

Im Römerbrief schreibt Paulus über solche Freiheit. Er ist wohl das komplizierteste Buch im Neuen Testament. Paulus wälzt die Argumente hin und her. Das zu verstehen, ist nicht einfach! Ehrlich gesagt würde ich lieber über eine spannende Geschichte aus dem hebräischen Teil der Bibel oder doch zumindest ein anschauliches Gleichnis Jesu predigen. Doch hier geht es wahrhaftig um Grundlagen des Evangelischen, und damit müssen wir dann doch den Blick von Paulus auf Luther lenken, gerade heute am Reformationstag. Die jüngere Theologie mahnt uns, Paulus nicht von Luther her zu lesen. Das ist sicher wichtig. Aber Luthers große reformatorische Entdeckung hat sich eben an diesem Römerbrief, vor allem am ersten Kapitel festgemacht. Immer wieder wurde überlegt, ob die Anfänge der Reformationsgeschichte durch ein sogenanntes „Turmerlebnis" ausgelöst wurden. Manche meinen ja sogar, das besondere Örtchen identifiziert zu haben, auf dem dieses Erlebnis stattfand.

In einer kirchengeschichtlichen Seminararbeit habe ich mich vor vielen Jahren mit verschiedenen Thesen auseinandergesetzt, die versuchten, den reformatorischen Durchbruch zu datieren. Fand er 1514 statt oder 1518? Von Bedeutung ist das insofern, als bei einer frühen Datierung Luther zuerst ein neues theologisches Konzept gewonnen hätte und dann die Auseinandersetzung mit Rom geführt. Eine spätere Datierung würde bedeuten, dass der Streit mit dem Papsttum selbst eine hohe Bedeutung für die Entwicklung seiner theologischen Erkenntnisse hatte.

Können wir uns vorstellen, was es für Luther bedeutet hat, zu ringen, sich angstbesetzt mit Gottes Wort auseinanderzusetzen? Im Lutherfilm mit Joseph Fiennes ist dieses Ringen, die Auseinandersetzung, sehr plastisch dargestellt worden. Ein punktuelles Erlebnis, ein Blitz aus heiterem Himmel konnte doch wohl kaum ausreichen, um einen einzelnen Menschen auszustatten mit dem Mut, alles Bestehende infrage zu stellen, alle Grundlagen, auf denen er bisher sein Leben geführt hat. Dazu gehören Vertiefung, Fortsetzung, Weiterarbeit. Wer sich Luthers Theologie ansieht, erkennt, dass es hier um einen längeren Prozess ging. Luther selbst hat in einer Tischrede einmal gesagt: „Ich habe meine Theologie nicht auf einmal gelernt, sondern habe immer tiefer und tiefer hineingraben müssen."

Gleichzeitig wissen wir, dass es Situationen gibt im Leben, in denen uns auf einmal etwas glasklar wird. Doch das erscheint selten urplötzlich, sondern ist Teil in einem langen Prozess – ich denke nach, überlege und die Lage wird klarer, auf einmal ganz klar. So hat Luther sich gequält, überlegt, nachgedacht: „Wie kann ich so leben, dass mein Leben vor Gott vorzeigbar ist, Bestand hat, wenn es mit Gottes Augen angesehen wird? Was muss ich tun, damit mein Leben Sinn macht?" Um solche Fragen ringen wir heute selten. Doch wird jeder nachdenkliche

Mensch irgendwann Lebensbilanz ziehen: „Wie sieht es bisher aus? Was habe ich geleistet? Was habe ich bisher gemacht aus meiner Lebenszeit? Wenn ich morgen sterben würde, wäre meine Lebensbilanz vorzeigbar?" Wer sich dem Ringen von Paulus und Luther aussetzt, kann in der Tat auch heute erschrecken. Das Leben ist kurz, viel zu oft nehmen wir es nicht bewusst wahr, sondern leben wahrhaftig in den Tag hinein. Als Luther erkannt hat, dass all dieses Ringen, selbst etwas darzustellen, sich vor Gott oder auch den Menschen Anerkennung und Respekt zu verschaffen, nichts nützt, wurde ihm klar: Wir sind ganz darauf angewiesen, dass Gott sich uns zuwendet. Und das tut Gott ohne Vorauszahlung. Diese Erkenntnis war für Luther vor allem eine Befreiung.

Diesen Gedanken der Freiheit aus der Zuwendung Gottes heraus sollten wir am Reformationstag wieder entdecken. Deshalb laufen wir als Evangelische – hoffentlich! – nicht tief depressiv durch die Gegend, sondern strahlen etwas aus vom Gefühl der Geborgenheit in Gott: dankbar, lebenslustig, mutig und frei. Es ist eine Freiheit, die uns auch heute die Angst nehmen kann. Frei vom Urteil anderer. Frei davon, ob ich einen Arbeitsplatz habe, ob ich alt oder jung bin, leistungsfähig oder nicht. Strahlen Sie, strahlst du und strahle ich etwas von dieser Freiheit aus? Oder rennen wir doch alle herum und wollen Anerkennung wie die Großen in der Politik, wie die Stars und Sternchen im Fernsehen? Mir liegt daran, dass wir diese Freiheit auch leben.

Meines Erachtens hat Luther von jener Entdeckung her seine Theologie Schritt für Schritt neu entwickelt. Ihm ist klar geworden, dass ich mir Freiheit vom vermeintlichen Fegefeuer nicht kaufen kann, dass die Kirche nicht Erlösung zugestehen oder ablehnen kann – das alles ist Gottes Sache ganz allein. Wir brauchen nicht zu Heiligen zu beten, wir beten mit den alten Worten des Vaterunsers direkt zu Gott. Auch Menschen einzeln heilig oder selig zu sprechen aufgrund von Wundern, die angeblich posthum gewirkt haben sollen, erscheint dann abwegig.

Ja, das trennt uns auch heute, neun Jahre nach der Gemeinsamen Erklärung zur Rechtfertigungslehre in Augsburg 1999, vom römischen Katholizismus. So erfreulich es ist, dass damals festgestellt wurde, die Auseinandersetzungen um die Rechtfertigung zur Zeit Luthers seien so, wie wir heute gegenseitig die Kirche darstellen, nicht mehr kirchentrennend – so sehr trennt uns dieses Grundverständnis dann aber doch. Ein Mensch wird nicht selig oder heilig durch das, was er oder sie tut! „Werke", wie es traditionell heißt, füllen kein Konto bei Gott. Niemand ist heiliger oder seliger als andere – wir sind alle „arme Sünder", wie Luther das ausdrückte. Heilig ist für Luther der Mensch, der weiß, dass er ganz und gar auf Gottes Zuwendung angewiesen ist.

So hat beispielsweise die Seligsprechung von Kaiser Karl durch den römischen Katholizismus für viele Evangelische ein inneres reformatorisches Aufbegehren ausgelöst. Das Leben eines Menschen kann nicht so heilig sein, dass wir darüber entscheiden, ob er selig ist oder nicht. Wer will darüber richten? Das ist Gottes Sache allein.

Das *sola,* das *allein* aus Glauben, ist und bleibt der entscheidende Punkt. Es ist übrigens im griechischen Urtext nicht vorhanden. Immer wieder ist das gegen Luthers Übersetzung „allein durch den Glauben" kritisch angemerkt worden. Dazu hat Luther einmal geschrieben: „Wahr ist's: diese vier Buchstaben s-o-l-a, welche Buchstaben die Eselsköpfe ansehen wie die Kühe ein neu Tor. Sehen aber nicht, dass es gleichwohl dem Sinn des Textes entspricht, und wenn man's will klar und gewaltiglich verdeutschen, so gehört es hinein." Er hat seine Erkenntnis unterstrichen mit seinem „sola", dem „allein", und hat Paulus sozusagen verstärkt.

Können wir das alles nun heute verstehen? Auch junge Leute sind ja von der Sinnfrage umgetrieben. Nehmen wir etwa den eindringlichen Vers aus dem Titel „Join me in death" von H.I.M.: „This world ain't worth living"– diese Welt ist es nicht wert, in ihr zu leben. Oder den neueren Song von Gary Jules, „Mad World": „The dreams in which I'm dying are the best I've ever had" – die Träume, in denen ich sterbe, sind die besten, die ich je hatte. Das ist der Schrei nach Sinn in der Jugendkultur, der hier in Worte gefasst wird. Können wir als Kirche heute klar und verständlich sagen, dass Sinn erfahrbar ist, dass Gott Sinn schenkt, Halt gibt? Vielleicht müssen wir zuallererst sagen: „Du hast ein Verhältnis zu Gott, weil Gott sich zu dir verhält." Viele haben von diesem Gottesverhältnis nie gehört, irren verlassen und einsam durch die Welt. Mir liegt daran, dass wir deutlich sehen: Da haben wir eine Art Bringschuld gegenüber der jüngeren Generation. Vielleicht findet sie aber auch selbst die besten Worte dafür, etwa wenn Xavier Naidoo in seinem Song „Vielleicht" singt: „Alles, was zählt, ist die Verbindung zu dir und ich wäre verloren, wenn ich diese Verbindung verlier…"

Der Römerbrief, die Rechtfertigungslehre – sie sind komplizierte Stücke. Ja, es ist einfacher, über die Gleichnisse, den verlorenen Sohn oder den barmherzigen Samariter, diese Zuwendung Gottes weiterzuerzählen und auszudrücken. Das sollten wir auch tun. Dennoch ist es wichtig, sich in dieses Ringen hineinzugeben, in dem schon Paulus und auch Luther standen. Nur so erfahren wir diese Freiheit, die nicht Libertinismus ist und nicht Beliebigkeit, sondern die sich von Gott gehalten weiß und deshalb in der Welt bereit ist, sich an Gottes

Vorgaben zu binden. Sicher, solches Nachdenken entspricht nicht dem „Karnevalsbedürfnis unserer Gesellschaft". Da sollten wir aber in aller christlichen Freiheit sagen: Besser „Hallo Luther!" als Halloween. Übrigens auch, weil christliche Freiheit die Ängste vor Geistern, Spuk und Teufel nimmt. Das hat nicht nur im Mittelalter viel bedeutet.

Und die Kirche? Brauchen wir sie denn, wenn doch der Mensch allein vor Gott gerecht wird? Zuerst: Die Kirche ist für Christinnen und Christen in der Tradition des Reformators gewiss nicht Heilsmittlerin! Sie ist Institution von Menschen und deshalb wahrhaftig fehlbar. Sie hat Fehler, wie alles, was Menschen schaffen. Auch ich kenne den süffisanten Spruch: „Jesus predigte das Reich Gottes und gekommen ist die Kirche." Die Kirche ist nach evangelischem Verständnis nicht die Verbindung zwischen Gott und Mensch, wir behaupten nicht, es gebe kein

Heil außerhalb der Kirche. Aber unsere Kirche ist der Versuch, in Gemeinschaft zu leben, ein Miteinander zu gestalten. Das nämlich unterscheidet das Christentum von anderen Religionen: das Zusammenkommen, um das Wort zu hören, miteinander zu singen und zu beten, gehört zum Christsein dazu. Deshalb lohnt es sich, darum zu kämpfen, dass auch in Zukunft Kirche sein wird. Und wir werden das feiern miteinander im Abendmahl, diesem Symbol der Gemeinschaft, das Jesus uns als Zeichen hinterlassen hat. Wir werden zusammenstehen in der Tradition der Allerersten, die sich auf Jesus verlassen haben. In der Tradition derer, die in Angst und Schrecken waren. In der Tradition derer, die mit der Reformation entdeckten, dass sie nicht mit Angst zum Tisch Gottes kommen müssen, sondern als geladene Gäste, angenommen, geliebt, Teil der Familie Gottes, der Kinder Gottes in aller Welt und aller Zeit.

Von Wangari Maathai bis Xavier Naidoo, vom Opelarbeiter in Angst um den Arbeitsplatz bis zum Politstar, vom behinderten kleinen Mädchen bis zum Model auf dem Laufsteg – Gott sagt Ja zu dir und zu mir, das haben Paulus und Luther entdeckt. Lasst uns dafür einstehen: für die Würde jedes Einzelnen hier und in aller Welt. Für die Fähigkeit zum Frieden, für die Vision von Gerechtigkeit. Ja, wir werden Fehler machen, sicher, vieles wird scheitern. Aber unsere Welt braucht heute wohl mehr als je zuvor dringend wackere Protestantinnen und Protestanten, die sich in evangelischer Freiheit und voller Überzeugungskraft einmischen in diese von Gewalt zerrissene Welt. Weil wir hier stehen. Und nicht anders können. Um Gottes Willen.

Predigt am Reformationstag 2004 in der Marktkirche Hannover

Morija als Mahnung

1. Mose 22,1–18

In meinem Zimmer hängt ein historischer Wochenkalender, der jede Woche eine Frau der deutschen Nachkriegsgeschichte porträtiert. Völlig unbekannt war mir bisher Cordelia Edvardson, die dort porträtiert wurde. Geboren 1929 als uneheliche Tochter der Schriftstellerin Elisabeth Langgässer und eines jüdischen Vaters, unterschreibt sie als Vierzehnjährige 1943 ihre eigene Einweisung ins Konzentrationslager, um ihre Mutter zu retten. So wird sie zur „Dreiviertel-Jüdin", die Mutter aber frei von dem jüdischen Kind. Cordelia wird erst nach Theresienstadt, dann nach Auschwitz transportiert. Dort ist sie als Bürokraft bei Josef Mengele tätig und hat die Aufgabe, die Selektion zu protokollieren. 1945 ist sie nach dem Todesmarsch eine der wenigen, die durch das Internationale Rote Kreuz gerettet werden. Sie wird nach Schweden gebracht, wo sie zunächst als Journalistin arbeitet, 1974 zieht sie von Schweden nach Israel um.

In ihrem Buch „Gebranntes Kind sucht das Feuer" beschreibt Cordelia Edvardson ihre Berliner Kindheit, ihre Erlebnisse von Theresienstadt über Auschwitz. Der Mutter zuliebe geht das Kind ins KZ! Die „geliebte, gehasste Mutter" sieht sie nach ihrem 14. Lebensjahr nur ein Mal, kurz vor deren Tod wieder. Es ist eine anrührende Kinder- und Opfergeschichte.

Wenn Kinder von den eigenen Eltern zu Opfern gemacht werden, löst das tiefste Empörung aus. Ist nicht der tiefste Maßstab der Menschlichkeit unser Umgang mit den Kindern, denen, die Orientierung suchen, die keinen anderen Ausweg haben, als sich Erwachsenen anzuvertrauen? Mit großem Entsetzen haben wir in Deutschland vom grausamen Hungertod der kleinen Jessica erfahren. Am Freitag wurde sie beerdigt. Kinder, die vertrauen und deren Vertrauen missbraucht wird. Kinder, die nicht wissen, wohin, die von Erwachsenen, auf die sie angewiesen sind, vergewaltigt, ermordet, dem Tod ausgesetzt werden. Das bringt eine ungeheure emotionale Verstörung.

In dem Text von der Opferung Isaaks geht es ebenfalls um ein Kinderopfer.

Nach diesen Geschichten versuchte Gott Abraham und sprach zu ihm: Abraham!

Und er antwortete: Hier bin ich. Und er sprach: Nimm Isaak, deinen einzigen Sohn, den du lieb hast, und geh hin in das Land Morija und opfere ihn dort zum Brandopfer auf einem Berge, den ich dir sagen werde. Da stand Abraham früh am Morgen auf und gürtete seinen Esel und nahm mit sich zwei Knechte und seinen Sohn Isaak und spaltete Holz zum Brandopfer, machte sich auf und ging hin an den Ort, von dem ihm Gott gesagt hatte (…)

Und als sie an die Stätte kamen, die ihm Gott gesagt hatte, baute Abraham dort einen Altar und legte das Holz darauf und band seinen Sohn Isaak, legte ihn auf den Altar oben auf das Holz und reckte seine Hand aus und fasste das Messer, dass er seinen Sohn schlachtete. Da rief ihn der Engel des Herrn vom Himmel und sprach: Abraham! Abraham! Er antwortete: Hier bin ich. Er sprach: Lege deine Hand nicht an den Knaben und tu ihm nichts; denn nun weiß ich, dass du Gott fürchtest und hast deines einzigen Sohnes nicht verschont um meinetwillen. Da hob Abraham seine Augen auf und sah einen Widder hinter sich in der Hecke mit seinen Hörnern hängen und ging hin und nahm den Widder und opferte ihn zum Brandopfer an seines Sohnes statt. Und Abraham nannte die Stätte »Der Herr sieht«. Daher man noch heute sagt: Auf dem Berge, da der Herr sieht. Und der Engel des Herrn rief Abraham abermals vom Himmel her und sprach: Ich habe bei mir selbst geschworen, spricht der Herr: Weil du solches getan hast und hast deines einzigen Sohnes nicht verschont, will ich dein Geschlecht segnen und mehren wie die Sterne am Himmel und wie den Sand am Ufer

des Meeres, und deine Nachkommen sol-
len die Tore ihrer Feinde besitzen; und
durch dein Geschlecht sollen alle Völker
auf Erden gesegnet werden, weil du mei-
ner Stimme gehorcht hast.

Ich kann diesen Text nicht lesen, ohne Empörung zu empfinden. Kann ich an einen Gott glauben, der vom Vater verlangt, den Sohn zu opfern? Kann das die „Versuchung" eines Vaters sein, bei der er sich entscheiden muss zwischen dem Gehorsam gegenüber Gott und der Liebe zum Sohn? Dass es gut ausgehen wird, das wissen die biblischen Leserinnen und Leser. Dem handelnden Vater aber ist das in der Geschichte so nicht bewusst. Abraham tut, was Gott von ihm verlangt. Das Lachen der Sarah bei der Ankündigung der späten Geburt, es wird erstickt im Entsetzen, dieses Gottesgeschenk eines Kindes nun zu opfern.

Es ist eine unmenschliche Prüfung, ohne jede Chance auf ein gutes Ende. Denn tötet Abraham das Kind, meint er vielleicht, Gott Genüge getan zu haben. Aber er wird dieses Bild, diese Schuld nie mehr loswerden. Er wird niemals diesen Vertrauensbruch gegenüber der Mutter des Kindes heilen können. Wie hätte sie gefühlt, wäre der Mann ohne den Sohn zurückgekehrt? Wohl nichts lässt sich so schwer verzeihen wie Kindesmord. Einen Sohn, Ismael, hatte Abraham ja schon in die Wüste geschickt.

Isaak aber vertraut. Er vertraut dem Vater, dessen Liebe er sich gewiss ist. Was sind das für entsetzliche Alternativen? Gottvertrauen gegen das Vertrauen eines Kindes? Da empört doch die Vorstellung eines Gottes, der ein Kind als Opfer verlangt! Ja, dieser Text hat Generationen von gläubigen Christen wie Juden irritiert. Wir sollten aber Abraham, dieser Urgestalt des Glaubens, auch mit all den Brüchen und Fragen nicht ausweichen. Es ist gut, dass die Bibel Brüche und Anfechtungen nicht glättet.

Der dänische Theologe Søren Kierkegaard hat einmal mit Bezug auf Genesis 22 von der „Suspension des Ethischen" gesprochen. Es gibt Situationen, in denen wir wissen: Wir können ethisch nur versagen. Ob ich so handle oder anders, ich werde schuldig. Ein berühmtes Beispiel im Zusammenhang mit einem Kind ist der Physiker Max Planck. Sein Sohn Erwin war mit dem Tod bedroht, weil er sich im Widerstand gegen den Nationalsozialismus engagiert hatte. Ihm wurde die Freilassung des Sohnes angeboten, wenn er eine Ergebenheitsadresse an das Naziregime veröffentlichen würde. Max Planck tat das nicht. Opferte er nun den Sohn? Opferte Elisabeth Langgässer die Tochter? Was sind das für Extremsituationen, in denen Menschen stehen können? So viele Jahrzehnte nach Kriegsende in Deutschland verdrängen wir allzu leicht, vor welche großen, existenziellen Entscheidungen so mancher Mensch damals gestellt war. Haben wir zurzeit vielleicht eine Schönwetter-Ethik? Wie bewährt sich diese Ethik in Extremsituationen?

Wir sehnen uns nach Recht, wir wollen Recht und Gerechtigkeit. Und doch gibt es Punkte, wo wir nicht wissen, wie es weitergehen soll, wo Recht nicht so einfach und schlicht zu haben ist. Ich denke an Abschiebungen von Flüchtlingen. Viele wollen Menschen schützen, die bei uns Sicherheit, Zukunft, Freiheit suchen, und verstoßen doch damit gegen Recht und Gesetz. Wie viel sind wir bereit zu riskieren? Da kann es schnell ungemütlich werden. Zumal wenn andere argumentieren, das „Boot ist voll", schließlich könnten unsere Sozialsysteme nicht für alle Menschen offen sein.

Einfach ist das Urteilen nicht. Das Abwägen der Argumente, das Ringen um Wahrheit, das gehört zum lutherischen Glauben. Ich selbst muss ringen. So verehren wir den 1945 ermordeten Dietrich Bonhoeffer fast wie einen Heiligen, obwohl wir doch keine Heiligenverehrung kennen. Aber er war bereit zum Tyrannenmord. Er selbst hat diesen Zwiespalt zwischen dem Gebot „Du sollst nicht töten" und der Beteiligung am Attentat gegen Hitler intensiv reflektiert. Das wird heute kaum noch wahrgenommen. Er hat persönlich Verantwortung übernommen und sehr wohl um das ethische Dilemma gewusst. Und dieses ethische Dilemma lässt sich so leicht nicht auflösen, wenn gleichzeitig jemand wie Helmuth James Graf von Moltke, der den Kreisauer Kreis gegründet hatte, sich aus Glaubensgründen gegen den Tyrannenmord gewendet hat und ebenso hingerichtet wurde für seinen Widerstand.

Wenn ich die Geschichte von Isaaks Opferung nach diesen kleinen Exkursen in einem dritten Gedankenbogen noch einmal lese, fällt mir vor allen Dingen auf, wie knapp die Dialoge sind, ja wie wenig von den Emotionen Abrahams zu finden ist. Die Szene lässt Vater und Sohn schweigend miteinander zum Berg gehen, bis der Sohn fragt: „Vater?"

Am Ende sehe ich in der Geschichte keinen Triumph. Selbst wenn Abraham sich rühmen sollte, die Prüfung bestanden zu haben, wird er für immer das Vertrauen seines Sohnes zerstört haben. Das erhobene Messer hat das Kind doch gesehen! Die Irritation gegenüber dem Vater, die Klarheit des Vertrauens, sie muss nach dieser Erfahrung gebrochen sein. Gebrochenes Vertrauen aber führt Menschen in tiefe Abgründe von Enttäuschung.

Lassen Sie mich noch einen Bogen schlagen: Wohin weist uns Gott? Was sind Gottes Wege mit uns? Luther hat auf sehr eindrückliche Weise dazu Orientierung gegeben: Wir sehen in

Jesus Christus den *deus revelatus,* den Gott, der sich uns zeigt. Aber es gibt eben auch den *deus absconditus* – Gott, den wir nicht völlig ergründen können. Das muss nicht der zornige Gott sein, den Luther oft gesehen hat. Vielleicht ist Gott ganz anders. Ja, vielleicht ist Gott sogar weiblich, liebend, mittragend. Was aber dem Gottesbild, das Jesus uns überliefert hat, eindeutig widerspricht, ist die Opferung eines Kindes! Oder nicht? Was heißt es, dass Gott den eigenen Sohn gab? Gott kam selbst als Kind zur Welt – das erkennen wir im *deus revelatus.* Gerade das Ungeschützte will Gott schützen. Und das tut am Ende der Engel.

Vielleicht ist das in der Unerträglichkeit der Geschichte das Hoffnungsvolle: Gott sieht. Der Name des Berges „Morija" bedeutet genau dieses: Gott sieht! Es heißt: „Und Abraham nannte die Stätte ‚Der Herr sieht'. Daher man noch heute sagt: Auf dem Berge, da der Herr sieht." Das heißt: Gott sieht hin, wenn ein Kind geopfert werden soll. Gott schickt einen Engel, der den Menschen wieder auf den rechten Weg ruft. Auf einen Weg, auf dem eben nicht Väter ihre Söhne oder Mütter ihre Töchter opfern. Gott will Leben! Und Gott hört diesen Schrei: „Schaffe mir Recht!" Wenn wir glauben, dass Gott seinen eigenen Sohn gegeben hat, können wir erahnen, dass Gott diesen Schrei der Verzweiflung kennt. Ja, Gott kennt Leiden. Und deshalb können wir von der Gotteserfahrung in Jesus Christus her sagen: Gott will keine weiteren Opfer. Gott ruft uns vielmehr, diese Opfer zu beenden. Kein Kind soll mehr eines frühen Todes sterben, Gewalt ausgesetzt sein. Dazu können wir viel tun, auch wenn erst eines Tages in Gottes Zukunft all die Gewalt und Zerstörung ein Ende haben werden.

Was heißt das nun heute? Jedem Menschen in unserem Land, der Zeitung liest, sollte klar sein: Wir müssen antreten, damit es keine Opfer mehr gibt! Keine Kinder, die der Pornografie, der Prostitution, dem Kindersoldatentum, dem brutal schlagenden Vater, der vernachlässigenden Mutter preisgegeben werden. Der Schutz der Schwachen, die Liebe zu den Kleinen ist die Grundkonsequenz unseres Glaubens. Gott sieht! Das ist eben keine Beängstigung, wie manche Kinder lernen: Wenn du etwas Böses getan hast, Gott sieht es schon. Wie oft wurde das zur Drohung! Nein, das ist eine Zusage: Gott sieht dich. Ich wünsche mir, dass viele Kinder das wissen, die in unserem Land und weltweit leiden an Hunger, Gewalt, Vernachlässigung, sexuellem Missbrauch. Gott will hinsehen und einen Engel schicken, der dich schützt. Vor dem erhobenen Messer des Vaters. Vor dem Konzentrationslager, in dem ein Dr. Mengele so entsetzlich wütet. Vor den Nazischergen, die den Vater verführen wollen, den Sohn zu schützen, um die Wahrheit zu betrügen. Gott sieht die verschwundenen Kinder der Militärdiktaturen. Gott sieht die Kinder in Beslan. Gott ist eben anders als jene drei Affen: „Nicht sehen. Nicht hören. Nicht fühlen." Gott sieht, Gott hört und Gott liebt.

Wenn wir das glauben, haben wir dafür einzustehen. Dann bedeutet das Verantwortung. Es könnte sein, dass wir in der Rolle des Engels sein müssen, Mut brauchen, einzugreifen. So wäre der Berg Morija für uns eine Mahnung, hinzusehen. Wir sehen hin, weil wir wissen: Gott sieht. Wir sehen, wir glauben und wir handeln.

Ein weiterer Gedankenbogen zum Schluss: Hätte Abraham doch mit Sarah gesprochen! Nein, ich will nicht sagen, Frauen sind gleich die besseren Menschen. Aber eine ethische Entscheidung solchen Ausmaßes kann ich nicht nur im eigenen Herzen abwägen. Oft denke ich: Hätten sie doch miteinander geredet! Eine andere Sichtweise kann wie eine Befreiung wirken,

das weiß auch die Soziologie, wenn sie von Tri-
angulität spricht: Manchmal muss eine dritte
Person hinzukommen, um zur Klärung zu helfen. Da können wir offene, andere Wege sehen
lernen. Und auch mit Gott ringen um den rechten Weg. Der Gott, an den wir glauben, ist nicht
statisch, ein für alle Mal entschlossen. Er ist ein
Gott der Beziehung, der den Weg mit den Menschen geht. „Geh nicht einsam und sprachlos
deinen Weg, Abraham!", möchte ich rufen. Als
Christinnen und Christen sind wir eine Gemeinschaft auf dem Weg der Nachfolge. Wir erkennen in Jesus den *deus revelatus.* Lasst uns miteinander den Weg Gottes suchen: indem wir
Gottes Wort hören, indem wir Wein und Brot
teilen – zu seinem Gedächtnis.

Predigt anlässlich der VELKD-Bischofskonferenz in Loccum,
13. März 2005

Gott weint mit uns um Mose

Matthäus 18,14

Wir müssen heute Abschied nehmen von einem kleinen Jungen, den keiner von uns kannte. Auch seine Eltern, seine Herkunft kennen wir nicht. Und doch hat dieses Kind in den vergangenen Tagen die Herzen vieler Menschen bewegt. Ich habe das gespürt, als jemand anrief und die Bestattung ausrichten wollte, als Menschen Blumen spenden wollten, als jemand angeboten hat, ihm einen Grabstein zu gestalten. Dieses Kind hat Herzen bewegt und Mitmenschlichkeit, ja Liebe zutage treten lassen mitten in allem Entsetzen über seinen Tod.

Im Matthäusevangelium (18,14) sagt Jesus:

Also ist's auch bei eurem Vater im Himmel nicht der Wille, dass eines von diesen Kleinen verloren werde.

Es ist erstaunlich, dass Jesus in einer Gesellschaft, in der Kinder rechtlos waren, ihre Würde in den Mittelpunkt stellt. Er sieht sie geradezu als Vorbild. Als Vorbild vor allem, weil sie sich ganz und gar der Liebe Gottes anvertrauen. Ja, weil sie ganz und gar auf Gott und die Liebe der Menschen angewiesen sind.

Ein solcher Tod eines völlig hilflosen Kindes treibt uns um. Wie konnte Gott das zulassen? Warum war die Mutter derart verzweifelt, dass sie keinen Ausweg sah? Wieso wurde es

nicht durch warme Kleidung vor der Kälte bewahrt?

Ich bin überzeugt, Gott wollte dieses Kind
schützen, ja wollte, dass wir dieses Kind bergen
können. Keines soll verloren gehen! Das ist immer wieder unser Auftrag, unsere Herausforderung. Dieser erschütternde Tod zum Beginn des
neuen Jahres ist eine Mahnung an uns alle, für
„die Kleinen" einzutreten, ihnen beizustehen,
damit keines verloren werde.

Wir wissen nicht, was sich zugetragen hat
in jener Nacht. Viele von uns stellen sich Fragen: War er schon tot, als er abgelegt wurde?
Hat ihn jemand in der Kälte dem Erfrieren über-
lassen? Oder wollte ihn jemand in das rettende
Babykörbchen legen und ist daran gehindert
worden durch eine Störung oder einen mecha-
nischen Defekt? Alle diese Vorstellungen sind
erschütternd. Wir können sie nicht beschwich-
tigen. Wir können sie nicht nachweisen. Sie

bleiben Spekulation. Aber sie müssen uns drängen, noch energischer für Mütter und ihre Kinder einzutreten.

Gestern Nachmittag haben wir im kleinsten Kreis am offenen Sarg Abschied genommen. Für mich war das ein bewegender Moment. Denn es wurde klar: Da geht es nicht um den „toten Säugling", da geht es um einen kleinen Menschen, der gern gelebt hätte, der ein Gesicht hat, der in seinem so furchtbar kurzen Leben so viel erlitten hat. Das kleine Gesicht, das nach Erfrieren und Obduktion fast friedlich aussah, eingehüllt in ein grünes Frotteetuch, werde ich nicht vergessen.

Am letzten Sonntag habe ich ihn Mose genannt. Nein, dieser Name ist nicht eingetragen. Dieses Kind hat kein Stammbuch. Doch es sollte gerettet werden wie der kleine Mose in der biblischen Geschichte, den seine Mutter in höchster Gefahr einem kleinen Körbchen anvertraute.

Aber keine Mirjam konnte mehr für unseren Mose hier im Sarg sorgen. Als rettende Hände ihn fanden, war er bereits tot.

Wir haben Mose einen Engel in seinen Sarg gelegt. Ein Engel ist auch auf dem Vorderbild unseres Liedblattes abgedruckt. Er ist in der Krypta der Stiftskirche zu Fischbeck auf dem Fenstersims zu finden. Und er weint. Ursprünglich saß er auf einem Kindersarg der Familie der Grafen zu Schaumburg. Der weinende Engel – er weint mit uns um das unvollendete, das Zerbrochene im Leben. Er weint mit uns um dieses Kind.

Ich denke, auch Gott weint mit uns um dieses Kind. Wenn wir es heute würdig bestatten, kommen wir einer Christenpflicht nach. Für uns endet die Würde des Menschen nicht mit dem Tod. Wir glauben, dass der Name dieses kleinen Jungen, der auf so entsetzliche Weise ums Leben kam, bei Gott in das Buch des Lebens eingeschrieben ist. Wir können den kleinen Mose auf einem Gräberfeld für Kinder beisetzen, die noch in der Schwangerschaft starben oder als Frühgeborene, als Kinder, die bereits geborgen waren in einer Familie. So wird er unter Kindern zumindest im Tod geborgen sein. So wird auch seine Mutter einen Ort haben, an dem sie um ihn trauern kann, wenn sie je diesen Ort sucht.

Im Christentum gehörte es von Anfang an dazu, Menschen würdig zu bestatten. Schon Josef von Arimathäa stellt in der biblischen Erzählung sein Grab zur Verfügung, damit Jesus mit Würde bestattet werden kann nach diesem so grauenvollen Sterben. Im Urchristentum galt als Kennzeichen, dass jeder, auch der Sklave, die Rechtlose von der Gemeinde, zu der sie gehörten, eine solche Bestattung erhielt. Sie gilt als siebtes Werk der Barmherzigkeit. Es gehört in christlicher Tradition zu unseren Pflichten, auch unbekannte Tote zu waschen, zu kleiden und zu bestatten.

So wollen wir den kleinen Mose nun begleiten auf dem Weg zu der Geborgenheit in Gottes Liebe mit aller Trauer, dass wir ihm diese Liebe unter uns Menschen nicht geben konnten. Gott weint mit uns. Der Engel weint mit uns. Wir weinen um dieses Kind. Wir vertrauen es der Barmherzigkeit Gottes an, der seinen Namen kennt.

Trauerfeier für „Mose" im Friederikenstift Hannover,
11. Januar 2008. Anfang Januar 2008 war vor der Babyklappe
des hannoverschen Krankenhauses Friederikenstift ein erfrorener
Säugling gefunden worden.

Am Ende
der Introitus

Jakobus 1,12–18

Selig ist der Mann, der die Anfechtung er-
duldet; denn nachdem er bewährt ist, wird
er die Krone des Lebens empfangen, die
Gott verheißen hat denen, die ihn lieb ha-
ben. Niemand sage, wenn er versucht wird,
dass er von Gott versucht werde. Denn
Gott kann nicht versucht werden zum Bö-
sen, und er selbst versucht niemand. Son-
dern ein jeder, der versucht wird, wird von

seinen eigenen Begierden gereizt und ge-
lockt. Danach, wenn die Begierde empfan-
gen hat, gebiert sie die Sünde; die Sünde
aber, wenn sie vollendet ist, gebiert den
Tod. Irrt euch nicht, meine lieben Brüder.
Alle gute Gabe und alle vollkommene Ga-
be kommt von oben herab, von dem Vater
des Lichts, bei dem keine Veränderung ist
noch Wechsel des Lichts und der Finster-
nis. Er hat uns geboren nach seinem Wil-
len durch das Wort der Wahrheit, damit
wir Erstlinge seiner Geschöpfe seien.

Wann immer wir Sterbende begleiten, begegnen wir diesen Fragen: Warum dieses Leiden, warum der Tod? Diese Anfechtung hat drei
Dimensionen. Da ist zunächst die Anfechtung
der Kranken selbst. „Warum ich, warum jetzt?"
Viele erleben ihre Erkrankung als Gottverlassenheit. „Wie kann Gott das zulassen?" Da gibt

es viele, die bitter werden und aufbegehren.

Die zweite Anfechtung ist die der Angehörigen. Sie sind elementar in Mitleidenschaft gezogen, sie sind ja mitbetroffen, weil sie Abschied nehmen müssen, ihr Leben sich völlig verändert, aber auch, weil sie eine Pflegeleistung zu erbringen haben, die manchen über die Kräfte geht.

Die dritte Anfechtung betrifft unsere Gesellschaft insgesamt. Leiden, Sterben und Tod werden gern verdrängt in einer Zeit, die Leistung liebt, Erfolg, Gesundheit. Zum neuen Jahr wie zum Geburtstag gibt es immer diesen Wunsch: „Hauptsache Gesundheit!" Das ist insofern wahr, als Gesundheit ein hohes Gut ist. Allzu oft lernen wir sie erst schätzen, wenn wir krank werden. Dabei kann auch Krankheit ein hohes Gut sein. Sie kann uns die Tiefe des Lebens lehren. Sie kann uns aufmerksam dafür machen, was beispielsweise Menschen leisten, die mit Behinderungen leben müssen.

Die drei genannten Anfechtungen werden zur Versuchung oder gar zur Sünde, von der unser Text spricht, wenn wir Leiden und Tod ignorieren. Viele versuchen zu verdrängen, dass ein Mensch, den sie lieben, ein Mensch, mit dem sie leben, todkrank ist. Und dann wird darüber hinweggegangen, als werde schon alles irgendwie wieder werden. Dann wird über alles Mögliche gesprochen, aber nicht über das Sterben, die anstehende Trennung, den Tod.

Eine Freundin erzählte mir, dass eine Bekannte sie zutiefst darum beneidet habe, dass sie mit ihrem Mann so intensiv über sein Sterben habe sprechen können, beide so bewusst voneinander Abschied genommen haben. Dass er mit ihr die verbleibende Zeit genutzt hatte, war ein Geschenk für beide, das ihnen in aller Trauer den Schmerz bewältigen half. Er konnte in Frieden sterben, und sie konnte in Frieden weiterleben. Die Versuchung liegt letzten Endes in dem Aberglauben, es gebe ein Leben ohne Leid.

Im Vaterunser beten wir: „Und führe uns nicht in Versuchung." Eine Kirchenvorsteherin fragte mich einmal, ob es angemessen sei, wenn sie für sich spreche: „Und führe uns durch die Versuchung." Nun bin ich dagegen, die altkirchlichen Bekenntnisse, die uns über viele Jahrhunderte mit unseren Vätern und Müttern im Glauben verbinden, zu verändern. Sie verbinden uns ja auch mit Christinnen und Christen in aller Welt. Aber diesen Gedanken finde ich gut und nach dem Jakobusbrief theologisch auch angemessen. Nicht Gott schickt Leid und Versuchung, sondern wir geraten in Versuchung und können Gott nur bitten, uns darin zu halten.

Ich kann Gott nicht so verstehen, dass er uns als Marionetten aufzieht und sich überlegt, ob er hier oder da einmal Leid schickt. Was für ein grausames Gottesbild wäre das! Gott will uns vielmehr Kraft geben in der Anfechtung.

Wenn wir Gott lieben und uns ihm anvertrauen, werden wir erfahren, dass wir ermutigt werden in Krankheit und Tod. Nicht nur Gesundheit kann ja ein Segen sein, sondern auch die Kraft, mit einer Krankheit und im Angesicht des Todes zu leben.

Ja, vielleicht werden wir Angst haben. Und ja, vielleicht möchten wir vorzeitig sterben, weil wir den Schmerz nicht ertragen. Es gibt Anfechtung. Und die lutherische Theologie steht da gegen den Jakobusbrief, wo er nur diejenigen selig erklärt, die in der Anfechtung bestehen. Es geht vielmehr darum, sich der Liebe Gottes bewusst zu bleiben. Aber mit Gott hadern dürfen wir, wie schon Hiob, wie Jona, wie Jesus in Gethsemane. Denn dieses Ringen mit dem Leid, dieser Schmerz, dieses Verzagen sind doch menschlich, selbst Jesus hat damit gerungen.

Als ganz große Versuchung sehe ich in unseren Tagen aktive Sterbehilfe oder Tötung auf

Verlangen. Mir ist bewusst, dass viele die Euthanasie als Fortschritt hin zur Autonomie des In-
dividuums ansehen. Wobei interessant ist, dass
ja gerade der „Fortschritt" der Apparatemedizin
die Angst der Menschen vor einem fremdbe-
stimmten Sterben auslöst. Euthanasiegegnern
wird vorgeworfen, sie setzten bloße „Gefühls-
ethik" einer aufgeklärten Wissenschaftsethik
entgegen. [1]

Ich halte die Tötung auf Verlangen für einen Irrweg. Sie lässt neue Grauzonen entstehen.
Aus den Niederlanden ist dokumentiert, dass 40
bis 50 Prozent aller Euthanasiefälle nicht dem
vorgesehenen Kontrollgremium gemeldet werden. [2] Mir ist bewusst, dass die Vertreter der Euthanasie sehr oft mit dem Faktor Menschlichkeit
argumentieren und die Angst vor einem qual-
vollen Sterben in den Vordergrund stellen. Wenn
ein Mensch ohnehin sterben muss, ist es dann
nicht besser, ihm zu einem selbst gewählten

Zeitpunkt einen schmerzfreien Tod zu ermöglichen? Das ist gewiss eine legitime Frage, und diese Frage hat sich jeder Mensch schon einmal gestellt. Gerade angesichts eines schwerstkranken Menschen ist diese Frage sehr gut verständlich.

Aber da ist die große Gefahr des Missbrauchs. Ich halte das, was in der Schweiz unter dem Firmennamen „Dignitas" betrieben wird, für üble Geschäftemacherei. In einer großen Recherche des Südwestradios wurde aufgezeigt, dass kräftig verdient wird an dem, was die Betroffenen als Zuwendung zukommen lassen. Und ein Vater erzählte von seinem 27-jährigen Sohn, den er auf dem Flughafen vom Weg in die Schweiz abhalten konnte. Der junge Mann wollte sterben, ja, aber er litt an einer Depression, die heute medizinisch behandelt wird. Ist diese Tötung auf Verlangen nicht auch Kennzeichen einer Ex-und-hopp-Gesellschaft, die sich der Menschen, die nicht reibungslos funktionieren, schnell und preiswert entledigen will?

Palliativmedizinische Versorgung und ambulanter Hospizdienst wissen davon, dass es Zeit und Geduld braucht, Menschen angemessen zu begleiten. Aber sie erfahren auch, dass es um eine tiefe Erfahrung, ja um eine Lebenserfahrung beider Seiten geht, der Sterbenden und derer, die sie begleiten. Wann immer ich einem Sterbenden die Hand gehalten habe, bin ich tief bewegt gewesen von dieser Erfahrung. Passion, Sterben, ist Teil des Lebensweges.

Wiederum in den Niederlanden wurde dokumentiert, dass dort jedes Jahr fast 1000 Menschen – meist demente Menschen in Altenheimen ohne Angehörige – ohne Einwilligung euthanasiert werden. Die beteiligten Ärzte geben als Motive an: „Die Nächsten konnten es nicht mehr ertragen" (38 %) und „geringe Lebensqualität" (36 %).[3] Daran zeigt sich, dass aktive Sterbehilfe das Verständnis des Sterbens als Prozess verändert. Kann es nicht sein, dass der unheilbar Kranke das Gefühl hat, seine Umgebung zu sehr zu belasten? Kann es nicht sein, dass Eltern das Sterben ihres Kindes wollen, weil sie die Krankheitssituation nicht mehr ertragen? Kann es nicht sein, dass die Mutter sich gedrängt fühlt, nun zu sterben, weil die Familie mit ihrer Kraft am Ende ist? Handeln diese Menschen in Autonomie? Muss hier nicht Autonomie inhaltlich an der Menschenwürde gemessen werden? Wo soll die Entwicklung ein Ende nehmen?

Nun wurde in den Niederlanden auch noch die Einführung einer Todespille für Sterbewillige, Alte, Suizidgefährdete und Lebensmüde vorgeschlagen, um das Recht auf Selbstbestimmung zu stärken. Kann da nicht plötzlich ein Druck auf die Alten entstehen, nun endlich zu gehen? „Man schämt sich ja schon, so alt zu werden", sagte mir eine alte Dame. „Wir belasten die Krankenversicherungen und stellen die Alterspyramide auf den Kopf." Kann man da von einer freien Entscheidung sprechen? Die Sache ist hochproblematisch und nicht im Namen der Freiheit zu verteidigen.

Die Palliativmedizin und die Hospizbewegung sind die besten Gegenargumente gegen Tötung auf Verlangen. Wenn Menschen erfahren, dass sie schmerzfrei und begleitet in den Tod gehen können, sinkt der Wunsch nach aktiver Sterbehilfe deutlich. Und das kann gestützt werden durch die Anerkennung von Patientenverfügungen, der Zusage, dass Menschen nicht durch Magensonden und Schläuche am Leben erhalten werden, wenn es Zeit zum Sterben ist. Deshalb gilt es, die Palliativmedizin zu stärken, Patientenverfügungen Anerkennung zu verschaffen, Ärztinnen und Ärzte zu ermutigen in ihren schweren Entscheidungen zum Sterben-

Lassen. Und: Wir müssen mit Betroffenen, Angehörigen und Pflegepersonal darüber sprechen! Allzu oft wird schnell zu Sondenernährung gegriffen, ohne zu fragen, ob es sinnvoller sein könnte, den Patienten in Ruhe und behütet sterben zu lassen. Die Menschen, die sich in den Hospizdiensten engagieren, lassen Sterbende spüren, dass sie am Lebensende nicht alleingelassen sind.

Damit sind wir bei den „Gaben vom Himmel", von denen der Text spricht. Als wir beim Uhlhornhospiz einen Sommergottesdienst feierten, seufzte die Leiterin neben mir, als sie zum Mikrofon zur Begrüßung musste und sagte: „Wie machen sie das nur, Frau Käßmann, dass sie scheinbar immer so locker auch vor vielen Menschen reden können? Das könnte ich nicht!" Und ich habe gesagt: „Ich frage mich, Schwester Gabriele, wie sie täglich so liebevoll so viele Sterbende begleiten können. Das könnte ich nicht!"

Wir haben beide gelächelt. Jeder und jede von uns haben eigene Gaben, die ein Geschenk Gottes sind. Wenn wir dabei im Geist der Liebe Gottes zu den Menschen handeln, im Geist der Würde jedes Menschen, auch wenn er in seinen Lebensäußerungen noch so eingeschränkt ist, dann können wir zusammenwirken zum Wohle aller und als Zeugnis unseres Glaubens.

Wir befinden uns in der Passionszeit. Wir bedenken die Passion, das Leiden Jesu. Warum musste der Sohn Gottes leiden? Diese Frage wird oft gestellt. Wenn wir uns die Erzählungen über das Leben Jesu anschauen, sehen wir, dass er selbst mit Versuchungen zu kämpfen hatte. Er widersteht der Gier nach Besitz und Macht. Und er erlebt Versuchung, als er im Garten Gethsemane darum bittet, verschont zu bleiben von Gewalt, Sterben und Tod. In diesem Ringen erlebt er, dass sein Gottvertrauen ihn trägt. Weil Jesus gelitten hat und gestorben ist, können wir uns ihm anvertrauen, wenn wir leiden und sterben. Auf großartige Weise hat das der polnische Regisseur Andrzej Wajda in dem Film „Katyn" dargestellt. In einem Feldlazarett liegt da zwischen Verwundeten und Toten auch eine Christusfigur. Das ist bewegend. Und großartig dargestellt: Christus mitten unter den Leidenden.

Gott begleitet uns in den schwersten Stunden, darauf dürfen wir vertrauen. Sterben und Tod sind für uns keine Sackgasse. Sie sind Schritte auf dem Weg hin zu Gott, zur Zukunft Gottes, in der Licht sein wird, in der alle Tränen abgewischt sein werden, Not, Leid und Geschrei ein Ende haben und der Tod nicht mehr sein wird. Darauf hoffen wir. Und deshalb engagieren wir uns schon heute, bei aller Akzeptanz des Todes, dafür, das Leid der Sterbenden zu lindern auf ihrem Weg hin in Gottes Licht. Und wenn der Arzt sagt „Exitus" – Ende, Ausgang –, dann stimmen wir den Introitus an: „Der Herr behüte deinen Ausgang aus dieser Welt und deinen Eingang in die Ewigkeit des Lichtes Gottes, dessen Geschöpfe wir sind."

Predigt zum 15-jährigen Bestehen des Ambulanten Palliativ- und Hospizdienstes in der Marktkirche Hannover, 10. Februar 2008

[1] Vgl. Christa Nickels, Menschenwürde, Autonomie und Recht am Ende des Lebens, in: Frankfurter Rundschau, 16. Juli 2001, S. 8.

[2] Vgl. Fuat S. Oduncu/ Wolfgang Eisenmenger, Euthanasie – Sterbehilfe – Sterbebegleitung. Eine kritische Bestandsaufnahme im internationalen Vergleich, in: MedR 2002, Heft 7, 327-337.

[3] Ebd.

Bibliografische Information der Deutschen
Nationalbibliothek. Die Deutsche Nationalbibliothek
verzeichnet diese Publikation in der Deutschen
Nationalbibliografie; detaillierte bibliografische Daten
sind im Internet über http://dnb.d-nb.de abrufbar.

Redaktion und Lektorat:
Uwe Birnstein

Umschlagillustration:
Sabrina Müller

Gestaltungskonzept und grafische Umsetzung:
Lena Gerlach, Hansisches Druck- und Verlagshaus GmbH

Druck und Bindung:
Lindendruck Verlagsgesellschaft mbH, Hannover

© Hansisches Druck- und Verlagshaus GmbH,
Frankfurt am Main 2009

Printed in Germany
ISBN 978-3-86921-014-8